U0054102

# 致富新捷徑

## 期指選擇權與獲利新思維

王俊超/著

# 叢書序

　　在人類發明了貨幣來代替實物作爲交易的依據之後，又進一步爲了降低運送貨幣的不便，而發明了支票、匯兌等等金融商品，到了近代更爲了降低各種金融商品持有或運作的風險，誕生了延伸性金融商品。有了延伸性金融商品，「錢」的概念不只是「貨幣」、「鈔票」而已，反而變得更加複雜起來，於是使得錢財的處理，愈來愈要講究學問。

　　事實上，我們在工作上勞心勞力，獲得「錢」作爲報償，並在社會上取得相對的「購買力」，去換取其他人的產品、勞務，再將多餘的錢存起來，留待需要時或是累積一定數量再行運用，這就是現代商業緣起的基本架構。如果我們更進一步，討論如何將錢花得更有效率，或是把多餘的錢做更有效的運用，這就是所謂的「理財」。

　　本叢書邀集許多金融界的專業人士以及學有專精的理財專家，深入淺出地介紹各種金融商品的運用。若您目前的理財方式，是把錢放在銀行的團體儲蓄帳戶，年利率百分之六點多，和通貨膨脹一比，您會發現，放在銀行的錢很容易隨著時間而愈來愈薄。銀行拿存款人的錢去做各項投資，但是銀行付給存款人的利息，甚至不夠彌補物價上漲的損失。如何與銀打交道，甚至利用銀行，也是一門學問。因此，您不妨考慮本叢書所提及的各種理財管道，讓自己的資金做更有效的運用。

我們希望每一位閱讀Money Tank叢書系列的讀者，都能從這裡獲得由專業人士所提供的理財觀念與技巧，並藉此使生活中有更多的餘裕可以完成夢想。或許，透過投資的角度來衡量人生的各項決定，或是思考未來的發展，比較各種選擇的優劣勢，以及所要付出的成本，能夠讓您更緊密地掌握未來的方向，並且更輕鬆地達成理想。

　　在這個十倍速加速的年代，本叢書的出版希望能為讀者提供最新與最有用的理財知識。您會發現，這些理財觀念與工具看似複雜，其實不難。用各種理財的管道來規劃人生，是身為現代人的您神聖的權利，也會讓您的生活更加的美滿。

# 自　序

　　台灣自90年12月24日推出期指選擇權以來，台灣的金融市場便進入了一個新的里程碑。未來在台灣的金融市場上將愈來愈朝向多元開發的方向前進。

　　就推出期指選擇權迄今期日成交量正迅速增加中，可見它以為廣大的投資朋友所接受並開始喜歡交易這項新的產品。然而，由於這項商品的高度複雜與困難性使得大多數的投資朋友在尚未享受投資這項商品的獲利樂趣時，便先蒙受投資的虧損，而更糟糕的是，絕大多數的人在虧損時還不清楚他們是怎麼輸的；再加以坊間一般有關介紹選擇權的書籍或文章裡多數充滿著錯誤的論點。這些論點有可能帶領投資朋友至一個投資無底的深淵中。

　　筆者再深入研究選擇權多時後，想將正確的觀念及操作策略告訴投資大眾，並在未來搭配期貨、現貨以及認購權證或可轉換公司債等商品有更深一層的了解並且使投資朋友能擁有成功者的特質及正確的投資觀念，相信在未來投資朋友必定可以達成致富的夢想。

王俊超　謹識

# 目　錄

# 成功的要素

一個人成功機率的大小端視他決心的大小而定，
而成功的人找方法，失敗的人找理由；
請找方法成功吧！不要用藉口罪責不成功。

大多數的人總覺得要達到成功的目標必須要有相當高的專業、豐富的經驗、過人的天賦、持續的努力以及一點點的際遇。的確，以上都是達到成功必備的條件。但還有更重要、更基本的條件，如觀念及個性……等，尤其是在金融商品交易市場上。

## 共同的夢想

每個人的心中總會有許多的夢想，而大多數的夢想又必須要有足夠的財富才得以實現。

大多數的人們終其一生都是在為衣食忙碌。當偶爾停下匆忙的腳步而略為冷靜沉思時，我們會疑惑昔日的夢想如今安在？以往的雄心壯志何時竟消失得無影無蹤？

我們不是希望有洋房、跑車、希望能環遊世界嗎？我們不是希望給父母、子女一個很好的生活品質嗎？我們不是曾經希望有更多的時間與金錢來從事社會公益？到底需要多少的財富才足以滿足這些夢想。甚至在擁有這些財富時才能讓我們免於陷入對未來生活不安的恐懼中，才能在我們終老時有一個最起碼的保障。

如果這些夢想、顧慮需要數千萬，甚至上億的金額才能實踐，怎麼樣才能贏得那麼多的錢財？又需花多少的時間？需投入多少的精力？需花費多大的努力？或需要多少的資金成本？更重要的是，機率到底有多大？

有許多的人們投入不同的工作，戮力以赴追求著生活的目標。極少數人成功了，然而大多數人卻都鎩羽而歸。這其

中有從事一般技術性工作的人們；有從事業務銷售的人們；有從事直銷組織的人們。有許多人自行創業，而有更多的人選擇投資金融商品市場；然而僅有極少數的人攀上頂峰，甚至有相當多的人們在努力的過程中粉身碎骨。

檢視所有追求財富的人們所努力付出的項目裡，一來技術性的工作不大可能達到目標，除非是個人表演者，如歌星、影星、球星……等；二來業務工作往往付出與收穫不見得成比例，而且不穩定；三來創業必須資金、經驗、人力配合，必須日以繼夜的努力，當然這些都不能保證成功，創業失敗所必須承擔的資產成本損失風險更是相當的大。

對於許多社會大眾而言，在金融市場做投資是最簡單、最方便的追求財富之道。然而無論是投資股票、外匯、債券、期貨……等，固然享有高報酬的機會，但同時亦必須承擔對等的高風險，這其中只有少數的人可以成為贏家，且大多數的輸家中，甚至還有為數不少的人傾家蕩產。筆者在美國華爾街市場中，曾看過不少一夕致富的人，也看過因為操作失利而跳樓的人，案例是層出不窮。

其實所有的金融商品投資操作都具有相當高的困難度。例如股票投資除了必須掌握「八面一觀」外，投資時還需慎重掌握方向，資金風險的控管尤為重要，然而這些都尚不足以保證可以絕對獲利。另外，所謂的八面一觀意指：政治、經濟、基本、技術、籌碼、市場、心理、消息等八面；一觀則為國際觀，如歐美及新興國家股市，其中當然包括大陸股市在內之國際觀。

台灣金融市場自90年12月24日開始一項新的金融商

品交易——台指選擇權，一個嶄新而奇特的金融衍生性商品，此商品具有魔術般的魅力，如因具有不對稱的成長與衰減特性，使其操作方式變化豐富，可讓您有時如有雲霄飛車衝上天的快感，或極速墜入地獄般的痛苦；並可同時擁有做莊與投資的樂趣，這就是台指選擇權。台指選擇權是一種非常複雜與困難度極高的金融交易商品。但在充分了解它的特性後，即可藉由它的特性而定出良好的操作策略，使投資人成為長期獲利的贏家。

當然所有的讀者最關心的一點就是，要如何獲利？要用多少的資金與多大的時間才能累積上億的財富。**答案是投資金額50萬，四年回收1億！**要如何做到？本書內將會有詳盡的介紹。

 # 正確的觀念

### 是人不是神

大多數的股票投資人可能都有類似的經驗，當股票賣出時便開始上漲，而當股票買進時卻跌個不休，於是大嘆時運不濟者有之、搥胸頓足者有之、詛天咒地者有之。多數人皆曰：早知如此……我就……。

如果早知道，你早就是世界首富，財富勝過比爾蓋茲；如果早知道，你的成就早就超越愛因斯坦，成為二十一世紀的風雲人物代表；如果早知道，你可以成為世界最具權力的人物——美國總統。所以，千金難買早知道，但本書卻可告

訴你一條「早知道」的路。

對於絕大多數的股市投資人而言，他們對於所有相關的投資資訊無論是來自何處，都是希望準確的，而往往本身在投資時又報持著太多的自我主觀成見，導致投資的結果未能盡如人意，此時怨天尤人是沒有幫助的。

這裡要讓投資人了解的是，市場上沒有百分之百的準確投資策略或參考指標，而且準確度的對與否也不全然是成功的關鍵。一、二次的成功或失敗也不代表永遠的成功或失敗。投資人必須先要有如此的認知，未來才能在金融市場的這條大道上走得長長久久，終至成功。

我想人是沒有預知（預先知道）的能力，只能做到預測。所有在金融市場上的各種技術指標理論與投資分析只能供作參考，不能奉為圭臬，視為真理。在投資的路上要保持頭腦冷靜、謹慎判斷的平常心態，才不會患得患失。要成功就一定要按照正確的方法一點一滴、一步一腳印的往前行。

## 滾石不生苔

如果這是一條正確的成功道路，請務必堅持下去。許多投資大眾常犯的一項通病是換股如換衣一般。如此一來，不僅不太可能掌握住大行情，再來將付出更多的成本，反而不太容易賺錢。還有更糟糕的是，今天玩股票，明天玩外匯，後天玩期貨，再來玩債券，完全不一樣的金融商品，交易的規則也都不同，如此更不易成為贏家。

要成功便需要一些時間累積經驗與智慧，而且必須不斷地精益求精。不要任意地改變目標與方向，反之則不僅

不易累積成功的經驗，也不易掌握勝利的關鍵。

如果今天你已經真正掌握到贏的要訣，那就持續下去，日積月累，積沙成塔，必定能達到目標。

## 晴天帶傘

在金融商品交易市場裡一定要未雨綢繆的準備。思慮要細膩縝密，在交易過程中固然會有預期想法，但當行情的走向不如預期時，又該如何做最佳的操作？如何應變各種不同的突發狀況？如果事先做好準備，便不至於在事發時慌亂，不知如何因應而致蒙受重大損失。

## 一夕致富　一夕破產

這是因為只有考慮獲利，未考量風險。太過一廂情願的預期行情，而致資金一次全部投入。任何一次的重大虧損都有可能傾家蕩產，這種情形在期貨及選擇權的投資上交易上尤其容易發生，所以必須更加謹慎。

## 為成功找方法　不要為失敗找理由

許多的投資朋友在投資失利時，往往把責任歸咎於別人或外在環境。筆者見過太多的投資朋友在投資造成虧損時，搥胸頓足、詛天咒地，千錯萬錯都是別人的錯，甚至還有許多人會將責任歸於政府。其實像這樣非理性的投資朋友，筆者以為絕對不適合在金融市場做投資操作，他們遲早有一天會把錢賠光光。

在金融市場上投資必須冒著相當大的風險，但只要能找

出一套穩健獲利的方法，並做好風險控管，必能在市場上成為贏家。

## 不是玩票、不是投資而是事業

　　許多在股市的投資朋友們總不把投資當作一回事，甚至非常不在乎股市的波動，總天真的以為未來的股市走勢必如自己先前預測一般，造成進場交易時太過馬虎。當然，也有些投資朋友卻是太過緊張，而在行情不利於自己投資方向時不知如何應變，這些都是很不好的投資態度。無論如何一定要把投資當成事業來經營，要非常的用心，並抱持著必勝的決心，如此才有可能成功。

# 成功者所應具備的人格特質

### 成功的十大人格特質

　　根據統計，社會上所有的成功者大多不具備顯赫的家世，不見得會有傲人的學歷，更不一定擁有絕佳的聰明才智或社會歷練。但這些人往往有一項共通的特點——高EQ，亦即他們都具備了較社會化及成熟的人格特質。

　　筆者亦以為，想要在金融操作市場成功亦應俱備以下十個人格特質，否則便很難在金融操作市場上倖存。

### 1.決心

　　任何一個成功者在成就某件事之前必定都下了很大的

決心，這中間沒有灰色地帶，不可抱著嘗試的心態。一定要有決心，要有雄心壯志要在金融市場裡致富。

這樣的決心永不退縮，不因任何一時的挫折而改變，勇往直前直至目標爲止。

絕對的決心才能擁在絕對的成就。
一個人成功機率的大小端視其決心的大小而定。

## 2.信心

永遠不要對自己產生懷疑，所需要的只是如何改進處理的方法。要在金融市場甚至人生的道路上成功，最基本也是最重要的是：絕對的信心，絕對的相信自己，告訴自己我一定可以做到。

信心必須百分之百，不能有一絲一毫的折扣，如此才不致在遭遇挫折時便打退堂鼓，輕易放棄。

## 3.毅力

要成功絕對要有過人的毅力，必須要持之以恆。

在金融操作市場裡亦復如此，雖然在金融市場裡獲利的速度很快，幅度也很大；相對的，虧損的速度及幅度也很大，而且在操作上充滿了高困難度。但無論如何要堅持到底，這種毅力的展現並非是在操作不順時要持續下去，不去改進。倘若是如此，遲早有一天也是會傾家蕩產。毅力最重要的涵義是，必須先做事先的評估，看看自己是否適合這項行業（或工作或任何的事），倘若合適則必須先尋找到成功的方式，然後才持之以恆，這才是毅力的眞義。

## 4.耐心

　　一個成功的投資人進出金融市場一定要有耐心，等待最佳的進場點（無論是多空），絕不貿然出手，才能確保勝算，資金也不致在躁進中輕易損失。

　　金融市場眞的是考驗一個投資人耐性最好的環境，通常等待一個行情的出現必須要花一些時間，甚至必須花很長的時間。在等待的過程中常常是一種難以承受的煎熬，必須要有耐性才能忍受。

## 5.反省

　　絕大多數的成功者都有許多失敗的經驗，然而他們總能從挫折中吸取教訓，從失敗中獲得經驗。更重要的是，他們有深切自我反省的能力，能在最後找到致勝、成功之路。

　　相較於一般的失敗者，往往沒有任何反省的能力，千錯萬錯都是別人的錯。尤其是在金融市場裡，做多的人痛批政府不振興股市，而放空又責怪政府干預拉抬股市。如果不檢討自己在金融操作上的缺失進而不斷地改進，想要成爲贏家眞的是遙不可及。

## 6.專心

　　如果一個投資人因爲工作繁忙無法專心的在金融市場裡操作，隨時掌握先機，並在第一時間規避風險，筆者建議不如不要進場，因爲如果這樣可以獲利，如同緣木求魚，絕不可能。

　　有句話說：「同一個時間只能做一件事。」人眞的不太可能一心二用，更何況在金融市場裡分分秒秒都充斥著

機會與危機，怎麼可以不隨時關注它呢?

## 7.冷靜

一個成功的投資人絕對必須具備冷靜的性格與頭腦，以因應在金融市場中的各種突發狀況。

畢竟在金融市場裡常會發生出乎預料的突發性狀況，如果不能冷靜以對，以致手忙腳亂，所有的規劃與策略便無法照既定方式進行，想要獲利更只是奢望。一個不夠冷靜的投資者，往往是徹底的輸家。因為不冷靜使他亂了章法、失去紀律。

## 8.果決

要在金融市場上生存絕對需要果決的個性，該進場的時機點到來時絕不猶豫，該停利出場時也絕不貪戀，而該停損時更絕不手軟。

## 9.眼明手快

在金融投資市場裡絕對需要眼明手快，才能掌握先機。最佳的進場點與出場點常常稍縱即逝，能掌握先機的人才能成為常勝軍。

## 10.紀律

這是金融投資市場上，甚至整個人生的道路上成敗最重要的關鍵。假如事前已做好規劃，擬定策略，下了很大的決心，也有充分的信心，個性非常果決……，可是一點紀律也沒有。對於所有的規劃及策略不能嚴格而徹底的執行，那恐

怕只會一次又一次的打敗仗，財富也會逐漸縮水。

筆者眞的衷心的建議，除非投資人具備嚴明的紀律，否則最好還是不要進入金融市場。

## 結論

假如投資朋友們具備上述的十大特質，那麼筆者在此由衷的祝福，因爲這表示你至少以具備80％的成功要素，這也是一般人最難達成的部分。剩下20％的專業及技巧，而你只要靠後天的努力學習便能獲得。

其實不只在投資市場上，在人生的旅途上也一樣，擁有這十大特質的人都將無往而不利。

如果投資朋友們目前尚未能具備上述的十大特質。不妨先用一段時間強化這些特質。然後做好萬全準備，投入股市，迎接挑戰，邁向成功。

# 新思維

投資朋友所應具備的新思維方向：

1. 最大獲利與最佳獲利該如何解析
2. 最小損失與最大容忍損失如何設定
3. 如何控管「絕對」與「相對」差數
4. 獲利率、機率與期望值該設在哪裡
5. 風險值應設在哪裡
6. 心裡想的與實際上的操作該如何平衡與規劃

# 最大獲利與最佳獲利

　　許多投資學上的專家、分析師及投資朋友們常常把最大獲利掛在嘴邊。我想所謂最大獲利至少應已包含三個要素：

1. 能在整個波段的波峰與波谷確實精準拿捏。並在波谷的最低點買進（做多），在波峰的最高點賣（放空）。
2. 能經常性的在每一個波段裡確實掌握。
3. 資金100％的投入。

　　這種賭博式的投資觀念到最後必然是資金盡罄。在第1章一開始時筆者曾經強調一個觀念：「人不是神」。波峰、波谷的相對最高點與最低點是很難預測的，買到最低點是運氣好、是巧合，賣到最高點是福氣。再說，每一次資金都100％投入，只要其中一次行情急速反轉，那便只能眼睜睜的看著投資的金額急速縮水，甚至可能終至於零，例如：1990年的台鳳；2003年的九津、茂矽……，此例案件，不勝枚舉。

　　其實我們應該換個角度去思考在投資時比較理想的獲利狀態是什麼？如果在操作時我們能按照規劃上的每一步驟確實執行，那麼便可在獲利上達到最佳的情況。

　　所謂最佳獲利便是在審慎評估後，選擇一個投資的標的物，並選擇進場價位去進場交易。當獲利時須運用策略來善設停利點，使獲利達到相對理想狀態，並且控制資金投入比例，以期達到最理想的獲利。

舉例而言，在一段200點的漲勢中，最大獲利的預估便是這200點。但最佳獲利的預估應是在確立這是一段多頭後才進場下多單，並在確立波段幅度由多翻空後獲利出場。預估這樣的幅度大約是140點，這便是最佳獲利。

# 最小損失與最大容忍損失

　　許多投資大眾在投資損失時總是會希望或強調如何將損失減至最小。其實最小損失，即是沒有損失。大部分的人因不甘於損失，想使損失減少再減少於是硬拗，希望等待行情反轉，結果損失卻是愈來愈大。

　　最大的容忍損失便是一旦當投資達到一定的損失時，便停損出場，不再留戀和寄望於此次的期待行情。即使未來真的行情一如預期，至少可以控制風險，把大部分的資金留下。常言道：「留得青山在，不怕沒柴燒」，就是最好的驗證。

　　舉例而言，在下一口期指多單後行情急轉直下，一下損失100點，於是期待行情反轉。而當行情真的反轉到只損失70點時，此時更捨不得停損出場，直至行情反轉至損失40點，一定更不願意出場，總希望損失再少一點。終至行情繼續下挫到損失200點、300點時，才懊悔當初為何不在損失40點時出場。這就是操作者沒有事前做停損規劃，並依此執行的緣故。

　　此例中若一開始便將停損點設在30點，則當損失到這個價位時，都應立即停損出場，避免損失有無限制擴大的

可能，這便是所謂的「最大容忍損失」。

## 絕對與相對

　　整個投資過程中，資金的「控管」是成敗的重要關鍵。基本上對於絕對值與相對比例關係，必須要清楚。所謂絕對值是投資者在一段時間內所要達成的最佳獲利總合，或最大容忍損失值是多少。舉例而言，投資人希望本月的最佳獲利目標為$50,000，最大容忍損失$30,000，計算總資金$1,000,000。你該如何做投資的資金控管？此時的獲利目標$50,000為總資金的5％，最大容忍損失$30,000約佔總資金的3％比例。$30,000與$50,000是絕對值5％及3％便稱為相對比例。

　　再舉一例，甲、乙兩人在同一時間分別買進台股A、B各一張（甲買A股，乙買B股）。A、B股的買進價格分別為100元及20元／股（1張1000股）。當他們賣出持股後，甲乙二人的損失均為$10,000元。試比較二者投資績效如何？

　　就損失金額而言，甲乙二者均相同，看來似乎績效相同。但以損失相對比例而言，甲的投資損失為10％（損失一成），乙則為50％（損失五成），當然甲的績效遠優於乙。

　　由上面例子觀之，吾人針對投資績效或對未來的獲利作規劃或預估時，儘量以相對比例去做衡量標準會比較客觀，評估上亦較為精確。

# 獲利率、機率、期望值

　　台灣自2002年初發行樂透彩券以來，在發行初期全民莫不陷入一片樂透彩券瘋狂的迷思當中。許許多多的彩迷花了相當多的金錢購買彩券，希望能夠中大獎（一夕致富，結果是一再失望）。有人每天在作夢，另有人處處求明牌，然而真正能夠中大獎的，則是極少數的幸運兒。絕大多數的人，不要說一輩子，就算是一百輩子，幾乎沒有機會中頭獎。因為，中彩券頭獎的機率值平均每個號碼約五百二十萬分之一。

　　　　如果人們的生命是建立在這種虛無飄渺的希望中，
　　　　那麼恐怕是要抑鬱以終一輩子了。

　　2002年，世足賽巴西與中國分組對戰，賽前英國某博奕公司開出的盤口賠率在不讓分的情形下：若中國勝出則賭倍為1賠16；若結局為和局則賭倍為1賠2.5，若巴西勝出則賭倍為10賠1。有許多賭客在下注時只單純看賭賠倍率、或有些則基於民族意識、或太過投機而賭中國能僥倖獲勝，假如中國隊贏了，押10萬元便可賠160萬元。稍微有一點常識的人都了解在正常公平的情況下，除非天下紅雨，否則以現今兩隊實力，要中國隊獲勝，是絕無可能的。反之，巴西隊獲勝的機率至少有99.9％。押10萬元，雖然僅贏1萬，卻是穩賺的。若以金融術語來解釋這種押注方式，或可將之稱為「無風險套利」吧！

再舉一例，如果台灣成棒隊與巴西成棒，及台灣足球隊與巴西足球隊同時比賽。在公平公正而且不讓分的情形下，盤口開出的賠率分別是棒球：台灣勝出則為10賠1，巴西勝出則為1賠15；足球：台灣勝出則為1賠50，巴西勝出則為20賠1。許多的賭客在下注時往往只看賠率而未考慮機率。假設有10萬元，要下注賭巴西棒球比賽獲勝，或足球比賽賭台灣會獲勝，由於此種機率幾乎趨近於零，即便賭倍再高都是無意義的。反之，棒球台灣獲勝或是足球巴西獲勝的機率幾乎趨近於是百分之百。在同一時間只能做一個選擇之下，則押注棒球台灣獲勝，以10萬押注可獲利1萬元的情形下應是最穩健、最佳的選擇。

　　因此，在做任何一項事業投資時（含投資金融商品），不能只完全看它所潛藏的獲利率，尚須去評估它的勝率大小。要將這兩者之間綜合研判才能得到一個最佳方案。我們以下一例子做說明。

　　現在假設有A、B、C三台公平公正的吃角子老虎遊戲機台，A台為50個號碼任選1個，押中賭倍30倍；B台為20個號碼任選一個，押中賭倍13倍；C台10個號碼選1個，押中賠倍5.5倍。若要投注，以倍數而言，選中號碼A台的賭倍最高30倍。以機率值而言，C台的機率值是最低為，但是要如何做最佳的選擇呢？我們將機率值（P）×獲利率（R）便得到一個值（E），稱E為期望值，期望值愈高表示投資價值愈高。我們來看A、B、C三者間之期望值大小情形：

$$E_A = 1/50 \times 30 = 0.6$$

$$E_B = 1/20 \times 13 = 0.65$$
$$E_C = 1/10 \times 5.5 = 0.55$$

比較三者期望值大小 $E_B > E_A > E_C$，則可得最佳下注選擇應為B台。

因此，在投資的選擇時我們必須了解，思慮上必先考量期望值的大小，其次須考量機率（風險）的大小，最後才考量獲利率（投資報酬率）的大小，如此投資時才具有較高的勝算。

# 認識風險

什麼是風險（Risk），投資人該如何做好風險控管？我想大多數的人並不易回答此一問題。如果不考慮生命、精神、情感……等因素，純就財務上的投資而言，明確的定義：「風險就是在一定時間內投資資產損失比例的可能性。」這樣的定義似乎有點抽象，但在稍做更深入的探討後，讀者應會有較清晰的概念與了解。

筆者觀察到在許多的文章、論述裡及許多所謂分析師專家中常會提到風險一詞，但多半只是一個模糊性的概念，這些的觀點只是以可能損失金額之多寡視為風險，這是極為危險的，常常會讓投資損失盡罄。或以損失金額佔整體投資資金比例大小來決定風險一樣不足。

筆者任職「量子基金」選擇權操盤人時，曾目睹美國各大基金經理人操作時，均有相當比例的基金，作為避險

的規劃。例如：美國富蘭克林旗下的伯頓基金，在投入金融市場時就預先規劃好資基的運用。假使要投入10億美元，則其中70%投入股市，10%投入期貨，20%投入其它衍生性商品。並先設定好所有商品的停損與停利點，這就是典型的風險控管。

## 風險之決定因子

以下筆者將決定風險的幾個重要因素詳述如下：

1.投資金額佔總資財之比例。
2.可能損失金額佔投資金額的比例。
3.利率的大小。
4.個人償債能力。
5.時間。
6.機率值大小。

### 投資金額佔總資財之比

首先，就投資金額佔總資產之比例而言，比例愈高，風險就愈大。舉例而言，某人資產共1,000萬，以200萬做投資，或以500萬做投資，兩者之間所承擔之風險各有不同，當然，後者更勝於前者。

因此，在做任何一項投資時，一定要注意這些投資金額相對於總資產所佔的比例。當這些投入的資金已超過總資產一定的比例，甚至超過總資產（舉債）時，便表示它已隱含了相當大的風險。

### 在投資時所可能損失之比例

假如你投資一家小型店總共花了50萬元，若因經營不善而必須結束營業，一些非耗財之投資資產，仍可回收30萬；則投資的最大虧損可能為20萬，其比例為40％。同理，在投資股票、期貨、選擇權、外匯……等相關金融性商品時亦同。如以80元買進台積電股票一張，在遭遇崩盤時最大容忍損失之停損值為12元，佔投資金額之15％比例。另以資金約1萬元買進深度價外之選擇權共十口（含手續費、交易稅等成本），結果完全賠盡。

就同一個人投資而言，表面上完全賠盡後者之損失總額度1萬元，似乎比起前者損失總額度12,000元為小。就損失比例而言，前者之損失比例為15％，而後者的損失比例竟高達100％，就風險來比較後者當然比前者大的多。

每次投資時投資人都應該對潛藏的可能損失做評估，在評估時一定要客觀，並做好在投資時最大的容忍損失比例（亦即停損）設定，如此便能控管好風險。

### 利率的大小

在投資的當下就會因投資金額未存放於金融機構而產生的利率損失。因此，若當時的利率愈高，則所可能產生之利率損失便愈高，相對的其風險亦較高。反之，利率愈低，風險性較低。

這也是許多在金融市場中的投資人，在低利率時代較不願意把錢存放在銀行的定存或債市的原因。

### 個人償債能力

意指當投資人因投資不當造成投資虧損後，個人本身的償債能力。亦即是否其每個月有固定的收入，或在一段時間內有足夠的收入，並在扣掉支出後能有一定的盈餘，可在一定時間內彌補這些虧損。

### 時間風險

相同的金額損失，在時間愈短內發生，其風險愈高。舉例而言，一天內損失1萬與1年內損失1萬，前者之風險便遠大於後者。這也是何以許多社會大眾願意以較高利率去做房貸、車貸、信貸……等。把必須多償還的利息長期的方式平均分攤在每個月上。

### 機率值大小

提到風險時絕對不能忽略機率值，機率值的大小是風險考量中最重要的一項關鍵因素。

舉例而言，投資一項金融性商品，如果虧損的機率為零，無論投資金額多寡都是零風險。若該投資損失機率為100％，則無論損失金額多少，其風險均都非常大。

如果每一次投資獲利都是負數，即便每次都損失一些，經過一短時間後便會損失耗盡。

筆者以為，機率值的大小是投資人願意參與金融市場與否最重要的考量因素，投資獲勝的機率愈高便會有愈多的人願意參與。

因此，在一個景氣相當低迷的時代，即使利率偏低，但因股市不振，多數的投資人仍寧可將資金放在定存或債市

上，因為相對於股市而言，銀行的安全性是高太多了。

　　筆者所參閱國內眾多的書籍及相關於選擇權的文章，幾乎都在傳遞一個錯誤且極度危險的訊息：「站在選擇權的買方可能獲得無限的利潤及承擔有限的風險」。這個錯誤的觀念可能會導致成千上萬的人傾家蕩產。

　　未考慮損失金額佔該次投資金額的比例，及忽略獲勝機率的大小，是這些觀點所犯下最大的共同錯誤。僅以所可能損失金額的多寡及其潛藏的高倍數獲利來衡量風險，都是很膚淺的，如果真是如此簡單，那就不會有傻瓜要站在選擇權的賣方了。

　　我們把這樣的觀點用在許多球賽的賭盤上或許投資人會更了解。假設A有鉅大的財富，他做莊賭1992年巴塞隆納奧運男籃金牌，他只接受單一賭注及中國隊冠軍賭倍1賠100,000。

　　稍微有籃球運動常識的人都曉得，當年美國曾以「空中飛人」Micheal Jordan、Magic Johnson、Larry Bird……等人領軍，並集合當代美國NBA最頂尖的超級精銳，組成人類有史以來最強、最完美的一支籃球隊，就是所謂的Dream Team I（即使後來美國再以NBA明星組成Dream Team II、Dream Team III等仍難望其項背）。以當時的情形而言Dream Team錯失奪冠的機率不會大於1/1,000,000。而就算真的發生那不可知的1/1,000,000的機率，令Dream Team鎩羽而歸。那麼，冠軍盃至少還有克羅埃西亞、立陶宛……等強隊，再怎麼樣也不可能會輪到中國隊奪冠。亦即中國男籃在該屆奪冠的機率應為：$\lim_{\alpha \to \infty} \frac{1}{\alpha} = 0$。

按照前述論點，買方（賭客）只花1,000元，風險是有限，一旦贏了便可獲得100,000,000（1億）元的財富，是獲利鉅大（獲利無限）的。則賣方（莊家）剛好相反，是獲利有限而風險無限。但這場賭局實際上的情形是莊家毫無風險，賭客毫無機會。

　　因此，在做每一筆的投資時，第一個考量的問題是，到底我有多大的勝算。勝算的考量必須以客觀、公正的條件去做分析，而不能太過主觀的去感覺。

# 理論與務實

　　做任何一項投資一定要事先規劃並擬定策略，這其中當然也包含投資金融性商品。在規劃投資前，絕不可以用所謂的「理想」狀態為基準去思考，而必須以可能的執行情況去做規劃。這些「理想」與「實務」上的差距，常發生在以下六點的操作規劃中。

## 1.最高點與最低點間的價差

　　許多人總以為自己能在最低點時買進，最高點時賣出，以賺取最大的價差。其實能買在最低點、賣在最高點的人，其實只是當時的運氣特別好，而這樣的機會也只會偶爾發生一次。因此，在做投資規劃時不可以用非常態的偶發運氣做為衡量標準，應以常態性的實務操作為考量依據。比較務實並可行的方法是，買在相對低點，並賣在相對高點，賺取相對最佳利潤之價差。

## 2.成交量大小

　　許多人在操作金融商品交易時，總會忽略成交量大小。實際上，當手上握有之資金部位相當大而欲交易時，譬如當A股目前價位為50元，而想要買進100張，估計該A股有上看60元乃至更高價位的空間，但該A股在50元成交只有10張，而且成交量偏低，最終全部買進100張，成本價平均為54元。後來該A股上漲超過60元以上價位後開始下挫。原本欲於60元出清A股，亦因成交量不足，致使賣出之成本價為56元。

　　在該例中，規劃中的50元買點與60元賣點均出現過，也確實可以成交，但因成交量不足致使原本預估每張9.7元（扣除手續費及証交稅後之近似值）的獲利，剩下每張僅獲利約1.7元。亦即原本估計此次交易約可獲利97萬元，實際交易只有約17萬元，兩者約差距5.7倍。

　　這些情況在選擇權商品的交易上極易發生。以筆者在2002年6月剛開始著作此書時，那時台指選擇權的交易量確實相當的小。直到該年年底時台指選擇權的交易量以近十倍的速率擴增。因此一般投資大眾在投資時便可看到大多數的價位均能充分成交。因此，相對於資金部位較大的投資人而言，在投資時一定要考慮到該金融商品成交量的多寡。

## 3.資金操作比例

　　假設投入股市的總資金為100萬。最近花了20萬買了10張A股，出脫持股大賺了10萬元，投資人心裡可能會想：假如我把全部資金投入（假設能充分成交），便可獲利50萬

元。

　　實際的情況是，當初投資人在買進A股時，並非有絕對把握能高獲利，後來賣出時固然賺錢，但也有不小的機率是賠錢的。如果每一筆金融投資交易都以全部或大部分的資金投入，則是將自己置於風險極端巨大的境界。尤其是投資期貨及選擇權的投資，大眾更必須注意保留現金部位。

　　因此，在做資金投資運用時，不可以用全部資金去規劃。如能進行一次金融交易，預估可能獲利30%。此時實際規劃預估總獲利時，不可以用全部資金的獲利30%計算，而只能以總資金投入交易成數去做計算。譬如，以總資金二成投入交易獲利三成，則獲利應估總資金之20%×30 %＝6%才對。

### 4.勝率大小

　　許多投資大眾在規劃投資交易時，總是天真的以每次可獲利的百分比或實際金額累計。當達到一定交易次數時便可獲利共多少金額，這樣的計算方式是把自己當作神，因為人是不可能有百分之百勝算的。

　　以前一頁的例子而言，一次的投資交易可總獲利6%，十次總獲利可達60%（以複利乘數計，約可總獲利79%）。這樣的估計是認為，每次的投資交易都是獲利，並且平均為6%，這是不太切合實際的。假設，實際上進行十次的交易，勝率是六成，失敗時的損失是總資金的3%（以二成的資金交易，15%停損，則20%×15%＝3%），則該十次之總獲利預估應為：6%×6＋（-3）%×4＝24%才對。

## 5.時間因素

　　時間的長短是影響獲利的絕對因素，但很多人卻忽略了這項因素，就好比一年獲利30%與三年獲利30%是完全不同的。大多數的人對於一年內可能會進行幾次交易並無清楚的概念。基本上，要達到勝率六成以上，必須每次交易時都非常謹慎，每個月的平均交易次數勢必不多。只要維持穩定的獲利，想在三至五年內致富並非難事。

## 6.成本計算

　　許多投資大眾往往在計算投資盈虧時，都忽略手續費及交易稅……等費用成本，如此計算往往與實際之交易之盈虧有極大出入。以現股交易之費用成本近0.6%（約0.585%）為例，其定額定量投資十次來回便需6%；而期貨的交易成本更大，約1.33%～2%（視每家期貨商收手續費高低不同而定）；至於選擇權，因就買方而言係採權利金交易，其期交稅固然比例甚低（只佔1.25%），但每口的手續費卻高得驚人（亦非常不合理）；一次交易成本約200～400元（視期貨商而定）。但自從2002年年底寶來證券暨期貨商推出網路下單手續費單邊88元後，不僅造成其它證券及期貨商大幅跟進，也造就這個市場成交量的大躍進。假設完成一次完整的交易（不讓他自行到期履約），則其手續費成本所佔比例可自4%至超過100%都有可能（視其權利金多寡而定），也因此限制了許多投資者的參與（因獲利不易）。因此，若忽略選擇權這些成本計算時，則有可能會把重大虧損錯估成盈餘。

# 如何獲勝

締造三千億傳奇的鴻海帝國郭台銘董事長認為，
人沒有天生的窮命和賤命，
只有你以什麼樣的心態來磨練自己；
筆者以為，當你決心成為億萬富翁時，
要用決心與毅力建立你的信心，
用耐心與專心冷靜地自我反省，
之後以果決而眼明手快地掌握致勝之機，
這時，人就沒有天生的窮命和賤命了。

# 充實自己

本章介紹選擇權及期貨的商品特質、操作技巧及策略規劃，有助於投資人操作時完成夢想、達到目標，只有在眞正徹底的了解，完全的融會貫通商品的特性，才能掌握投資要點。

另外講述八大成功性格的養成，筆者衷心企盼投資朋友，一定要先好好培養好成功的人格特質，以增加致勝獲利的機會。

當一切的準備都就緒了，您尚不急著直接進到股市加入交易，筆者認爲，應以模擬期貨單模擬下單開始，在有把握的情形下進場，所有操作條件可參考本書第7章之操作策略要領進行操作，無論是進場點、停損點、停利點、加碼點、隔倉……等，均須嚴格執行。

模擬須以十次爲一期，並每一次的模擬均要做紀錄，無論是獲利或虧損，確切的紀錄下來，並另加上手續費、交易稅等成本，此時所得的結果便與實際情況相當接近。另外，實際下單可能會與模擬有些許的差距，這些差距主要是買賣價的價位上的差異（亦即進、出場掛價與成交價可能會略有差異）。

模擬後要確切檢討得失，檢討的要點如下：

1.每一期的總獲利是否爲正？
2.該期總獲利能否佔總投入資金成本一成以上？

3.每期的總獲利是否逐漸成長的？

4.將每一次獲利與損失區分開來，計算個別獲利的平均值及個別虧損的平均值，再觀看其差異性。假設獲利的平均值無法大於虧損的平均值，表示可能沒嚴格執行停損或善設浮動停利，也有可能是隔倉而造成重大虧損，應檢討原因與每一環節，再加以改進。筆者以為較成功的操作，平均獲利的金額應為平均虧損金額的2倍以上。

5.在每一期十次的模擬中，是否獲利的次數至少達到五成？筆者以為更積極的態度是，在任何一期的模擬中，設定六成以上的勝率才可進場。如果獲勝率不及五成，原因最可能出在進場點錯誤；其次為隔倉的問題，隔倉常常會使獲利由正轉負。

在模擬過期貨操作後，一定要讓自己非常有把握，亦即無論如何模擬，一期十次至少都能達到以下二個條件：

1.勝率至少達六成。
2.平均獲利為平均損失的2倍以上。

期貨的操作績效能夠如此，大概就無往不利了。此時投資朋友將會發現財富累積的速度是非常迅速的。

在模擬過期貨的操作技巧後，我們將再模擬選擇權的操作。基本上，選擇權的操作以策略為主，如果投資者是站在買方，便須把握下列幾項大原則：

1.正確的方向。

2.精確的時間點。

3.掌握振幅。

由於要能精確的把握這三大要點非常不易，因此筆者必須一再強調選擇權絕不可輕易動單進場，投資朋友若沒有八、九分以上的把握就絕對不要進場。

另外，進場時機最好符合以下二項原則，而且進場與出場時手腳要快：

1.重大轉折點並伴隨明顯而強勁的趨勢走勢。

2.絕對重大事件。

這些原則均能把握並確實執行的話。那麼，當機會來臨時，選擇權的權利便是1倍、3倍或5倍甚至是10倍以上，即使是一年僅把握到一次機會，財富就能倍增，又有何不好投資人絕對需要耐心等待，這種機會一年中可能有數十次，其中只要能確實掌握其中一、二次，即可達到致富目標。

期貨與選擇權的操作技巧能充分掌握，確實執行，你將發現夢想是愈來愈近了。

 標準配備

就絕大多數的人而言，投資理財可能只是他們生活中的一部分，所花的心血、時間並不多，而且他們既沒有任何的雄心壯志與企圖心想要經由投資理財致富，亦不把投資理財當作一份事業（Business）在經營。

讀者們閱讀本書至此，相信應該有相當程度的體認。如果你能真正領悟書中精髓，也願意下定決心，從此刻起，你必須徹底改變你的心態，你要重拾你的夢想，並且相信藉由投資理財，實現你的夢想。

　　首先，心態上必須要調整的是，你不再是業餘的股市玩家，而是專業的股市投資人士，這就是你所經營的事業（Business），它是不同於你的平日工作（Job）。現在你必須告訴別人的是，除了你目前的工作外，你還要經營一份偉大的事業，那便是投資理財，目前的標的物與商品是期貨及選擇權。

　　心態上調整好了，再來便是配備了，如果你就如同一般大多數人一樣，早上要上班，沒辦法看盤，還是必須隨時掌握股市最新行情，要克服這點並不難，你只要擁有一台可以及時傳輸股票訊息的PDA即可。

　　這裡順帶分享一些操作者態度上的差異性。可能有投資朋友會認為如果已經進場，只要再密切注意走勢即可，我想這是消極的作法。進場了，當然必須隨時掌握走勢，因為，如此才能找到最佳的出場點，無論是獲利或是虧損才能隨時在掌控之內。然而，更積極的是隨時掌握股市脈動，機會來臨時，可能一閃即逝，必須要立即把握。在市場上即使常常充滿了機會，但真正能把握的其實不多。既然是在經營事業便必須更積極、更具侵略性，戰戰兢兢地經營它。

　　此外，當然還有一些必須要注意的細節問題。例如，你與營業員間要保持友好的關係，而非只是客戶與營業員的關係。在下單的時候必須隨時與營業員可以聯絡上，包含

他的專線、手機號碼都要有。他願意提供幫你查詢買賣成交記錄、存款餘額查詢，更重要的是一些即時的資訊服務。

除了這些條件外，你還必須隨時留意政治、財經訊息及消息面的變化，並具備基本分析能力，將這些可能對股市造成較為顯著影響的因素列入你在未來投資時的注意要項。這些因素的影響評估有三個要素：

1.方向。
2.振幅。
3.時間。

後二者尤其重要，是為投資選擇權的朋友必須特別留意的因素。

如果你們有一個Team，大家可以分工合作，進行資訊與意見交流，那當然是最好。否則，你也可以朝這個方向去努力。

此外，還有許多朋友由於一些條件的限制，可能無法如筆者所言這般順利的準備，在股市裡一展身手並朝目標全力邁進。這些原因大概可以分為以下幾點：

1.沒有足夠的資金，甚至根本沒有資金，而且入不敷出，如何做投資？
2.工作過於繁忙，即使有PDA也無暇去看，這樣進入股市戰場，猶如盲人騎瞎馬，其結果只有四個字可以形容：「必定陣亡」。
3.根本看不懂本書，而相關理財、金融方面的書籍亦難

以吸收、理解，這是因為數理的理解力較差。

如果你遇到的是這三個原因之一，或其中二、三者兼具，如何去克服這些困難，排除問題呢？沒關係，如果你一開始閱讀本書，便認同並深信筆者的論調與觀點，只要是你擁有夢想、下定決心，並具有堅定不移的毅力，希望在理財上大有斬獲在下一本書裏，我將針對上述的問題提供實際可行的解決之道。

# 令人期待與充滿希望的2004年

這是一個幾乎可以預知的時間表，請各位讀者切記，2004年，在這一年中，如果各位讀者已經嫻熟操作技巧，把握這幾次必勝的機會將可使你的財富倍增數十倍。

筆者粗估，如果投資人的資金部位不大於七位數，在2004年的投資機會點上，極有可能讓你的資金倍增三十至五十倍。這樣的機會是可預期的，而且操作容易。

可能此時會有極少數的讀者已經領悟出是什麼樣的機會會讓他的財富暴增，而且也知道如何操作。如果你也是其中之一，筆者希望大家能一同守口如瓶，以避免破壞市場機制。

市場的機制不難理解的是供需法則。舉例而言，如果A商品的價格是50元，數量一定，當需求量瞬間激增時，價格也許會迅速飆漲至90元，果真如此，市場上合理價格便會被嚴重扭曲，而真正用心去領悟學習的人反而可能無法獲

得他們應有的報酬。

再舉一例，如果有人能經由時光隧道預見未來某一期的樂透，他不經意的說出，造成一傳十，十傳百，結果該期樂透號碼確如同他之前所預見一般開出，但卻有一萬人同時中樂透頭獎，那還會「樂透」嗎？

這是一個充滿無限機會與希望的世界，我想不只是在2004年台灣的市場潛藏著這個可以絕對把握的商機，未來台灣在推出個股選擇權後（直至筆者初稿完成時均尚未推出此產品，期交所將於2003年1月底推出），整個市場將更令人期待。

再者，若各位讀者願意花時間思考，將本書裡期貨與選擇權的操作技巧充分融會貫通，並能真正運用自如，那廣大的市場都將是處處、時時充滿商機的世界。

成功絕不是廉價品，也難以一蹴可幾，筆者極願意幫助那些想擁有夢想並下定決心、具有毅力的人。但最重要的，還是你自己願意追尋夢想，全力以赴。

關於2004年的秘密，筆者將在下一本書中有更多的提示，讀者不妨期待。同時針對那些因為主、客觀條件限制而無法實現夢想的投資人，筆者也將在同一本書上獻良策，請讀者拭目以待。

 ## 一個心願

我相信閱讀過這本書，許多讀者可能已經內心澎湃不已。本書將重新燃起許多人的夢想，並為你提出具體可行之

道，筆者也衷心的祝福，那些能依據本書所提出的原則而具
體實行的人，都能實現他們的夢想。

　　在讀者透過本書實現夢想後，筆者有一個心願：就是不
只投資人可以真正去享受長久以來你所曾經希望擁有的各項
物質享受，也希望你可以因此給予你的家人更多的關懷與照
顧。最後，筆者希望這些因本書而實現致富夢想的人能多以
實際的行動來回饋社會、關懷社會，為社會公益多盡一分心
力。

# 認識選擇權

認識了選擇權你就知道如何獲利，

投資前，你更要知道，

選擇權之Call與Put如何區分，

價內、價平、價外的評估與判斷，

如此，你將可以在未來的三、五年內大有斬獲

# 選擇權市場展望

　　台指選擇權自民國90年12月24日推出以來，目前市場上的交易已日趨熱絡。以鄰近韓國為例，選擇權的合約規模已於2000年超過現貨規模，而其他先進歐美各國的選擇權規模亦不亞於現貨規模。以此觀之，台指選擇權的市場發展性，在未來的三、五年內勢必有極大的發展空間，甚至有可能成為台灣金融市場上最炙熱的金融商品。

　　提到選擇權（Options），目前在市面上已有許多的書籍及文章都有詳盡的介紹及討論。筆者也就不再對選擇權的由來、歷史演進及一些繁瑣的交易規則多做著墨。但會以較多的篇幅用實際的例子，讓讀者及投資大眾做深入的了解，並提供操作策略給投資大眾，進而達成你所想要致富的目標。

　　對於台灣的投資大眾而言，選擇權是一個相當陌生的金融性衍生商品。想要深入了解它真的並不容易，且實際上，它也是所有金融性商品裡面最複雜和最困難的商品。說實在的，即便是經常投入市場的投資者，進場操作指數選擇權交易，如果不是具有高度悟性並願意深入探索思考的人，恐怕頂多也是一知半解。然而，一旦對選擇權產生「悟道」，便明白選擇權要比操作投資股票、期貨更容易、更輕鬆、更快速致富。

　　因此，本書將對於選擇權的特性，選擇權與期貨的操作策略詳盡介紹，以讓更多的投資大眾有較完整的參考依據，並進而在操作上能達到快速高度獲利、成功致富的目的。

## 本書與他書之差異性

本書與其他相關書籍或文章有些差異，其特點在於：

1. 多數選擇權書籍多以歐美選擇權作介紹，而本書則直接進入介紹台指選擇權，讓讀者們更清楚台指選擇權。

2. 其他書籍介紹選擇權多半較為籠統、概括性的觀念。本書的內容則十分明確，一目了然。

3. 以往的書籍往往太過專業、深奧與艱難，通常只適合當學校的教科書，讓學生考試時專用，比較不適合供實務操作參考。本書則是理論與實務兼具，更策重在實務操作方面，讓讀者及投資人在操作時，有一個確實依循的方向及專業技巧，進而達到投資致富的目的。

4. 一般書籍在舉例證時太過理想化，離實務操作情形太過遙遠，本書絕對以務實的例證來做說明。

5. 許多有關選擇權的書籍及文章內容，對選擇權的特性及金融操作上有許多非常嚴重的錯誤，而這些錯誤竟四處被大量引用。筆者希望藉由本書將正確的觀念介紹給投資大眾，讓投資大眾能避免重大虧損，並因此而投資獲利。

# 何謂選擇權

　　所謂選擇權是一種買賣雙方所選擇的權利契約，買賣雙方只以權利來交易，交易的金額爲權利金，買方只要支付權利金，便可以依契約行使權利；賣方收取權利金，同時賣方須預繳保證金，且必須承擔履約的義務。

　　選擇權如在集中市場，則買賣雙方須依約交易，買方須繳權利金以便依契約行使權利，賣方則須繳交保證金並依約履行義務。同時選擇權明定爲「標準化」商品，其內容包括資產標的履約價格、履約方向、履約期間、契約量、品質等級、到期交割月份、交割方式及地點、最小跳動點、漲跌幅限制等。資產標的有股票、指數、外匯、利率、商品等現貨或期貨。而通常較常見的選擇權商品則有指數型選擇權商品及個股型選擇權商品。

# 台指選擇權

　　目前台灣期交所（期貨交易所）已推出第一個以台灣股市加權指數爲標的物的台指選擇權商品，並正規劃推出個股選擇權商品。

### 台指選擇權商品內容

　　買賣雙方以約定履約價格、方向、到期日行使權利金之交易。我們將利用表4-1來做較爲清楚的闡述。

## 表4-1　台指選擇權契約規格

台灣期貨交易所掛牌交易之台指選擇權契約規格

| 項目 | 內容 |
|---|---|
| 交易標的 | 台灣證券交易所發行量加權股價指數（簡稱台指） |
| 中文簡稱 | 台指選擇權（台指買權、台指賣權） |
| 英文代碼 | TXO |
| 履約型態 | 歐式（僅能於到期日行使權利） |
| 契約乘數 | 指數每點新台幣50元 |
| 到期月份 | 至交易當月起連續三個月份，另加上三月、六月、九月、十二月中二個接續的季月，總共有五個月份的契約在市場交易。 |
| 履約價格間距 | 三個連續近月契約：100點<br>接續之二個季月契約：200點 |
| 契約序列 | 新到期月份契約掛牌時，以前一營業日標的指數收盤價為基準，向下取最接近之一百點倍數推出一個序列，另再依履約價格間距上下各推出二個序列，共計五個序列。 |
| | 契約存續期間，於到期日五個營業日之前，當標的指數收盤價達到已掛牌之最高或最低履約價格時，次一營業日即依履約價格間距依序推出新履約價格契約，至履約價格高於或低於前一營業日標的指數收盤價之契約達二個為止。 |
| 權利金報價單位 | 報價未滿10點：0.1點（5元）<br>報價10點以上，未滿50點：0.5點（25元）<br>報價50點以上，未滿500點：1點（50元）<br>報價500點以上，未滿1000點：5點（250元）<br>報價1000點以上：10點（500元） |
| 每日漲跌 | 最大漲跌點數為台指漲跌點數，最低報價為0.1點<br>例如：選擇權前日收201點且台指收5000點，漲跌幅以7%計（台指漲跌為350點），則選擇權價位區間為0.1~550點。 |

| 部位限制 | 1.自然人六百個契約 |
| --- | --- |
| | 2.法人機構二千個契約 |
| | 3.法人機構基於避險需求得向本公司申請豁免部位限制 |
| | 4.期貨自營商之持有部位不在此限 |
| 交易時間 | 營業日上午8：45～下午1：45 |
| 最後交易日 | 各該契約交割月份第三個星期三 |
| 到期日 | 最後交易日之次一營業日 |
| 最後結算價 | 到期日台指各成分股當日交易時間開始後十五分鐘內之每筆成交價之成交量加權平均價計算之指數。若無平均價者，以當日市價升降幅度之基準價替代之。 |
| 交割方式 | 符合期交所公告範圍之未沖銷價內部位，於到期日當天自動履約，以現金交付或收受履約價格與最後結算價之差額。 |

　　由於選擇權交易較爲複雜，一般投資朋友在剛接觸時並不甚清楚，筆者在此以實例將其簡化並做詳盡的介紹。

　　台指選擇權在交易時分爲買方（Buyer）以及賣方（Seller），交易的產品主要爲買權（Call）及賣權（Put）二大類。雙方依指定到期月份及履約價格以權利金進行交易，買賣雙方在交易的進行中可依市場上權利金的波動情況，將自己的權利金做轉讓（即買方賣出手上權利）或回補（賣方），或者選擇在到期日時，依雙方之約定履約價格履約。而買方在交易時以權利金做交易，賣方在交易時則須付出一筆保證金。

# 買權、賣權、買方、賣方

投資人剛接觸這些名詞時，可能有些混淆。在此，筆者將這些名詞做更清楚的介紹。所謂買權（Call）即是一種必須大於履約價的權利契約，因此可將其視為「漲」或「多」。而賣權（Put）則是一種必須小於履約價的權利契約，也可視為「跌」或「空」。而為了便於分辨，後續內文中，我們會將買權（Call）加註（多），賣權（Put）加註（空），以利於讀者了解，而在末段的章節中因讀者已較為熟悉的情形下，直接以Call或Put稱之。

至於買方與賣方的區別何在？投資朋友若預期在未來的一段時間裡看台指會漲到一定價位，此時投資朋友便可選擇站在買方買Call（買權或多）付一筆權利金，藉由市場的波動將權利金交易出去，或到期履約。反之，若認為在未來一段時間內大盤（即台灣股票加權指數，簡稱大盤）不易漲到該履約特定價位，他便可選擇站在賣方，將權利賣出，以取權利金，但須預繳保證金。賣方同樣也能在到期日之前，藉由市場的交易波動作權利贖回（買進回補），或選擇到期履約。

如果是投資朋友看跌台指到一定價位，可選擇適合的月份或價位位置進Put（賣權或空）；反之則可站在賣方。下面舉實際操作例子，可讓投資人更清楚。

## 例一

張三在2002年7月26日時買進價位4900的Call，權利金為134點，隔二個交易日後至7月30日賣出該口選擇權，權利金為245點；若以約13點作為市場上交易之平均成本費用，則張三在該次交易中實質獲利為：245-134-13=98。以第一次交易時手續費約6點來計算，其實質獲利幅度高達七成【（98/134+6）×100％＝70％】的幅度。

## 例二

李四在2002年8月2日買進價位4700的Put，買進時的權利金為70點，隔了二個交易日後賣出權利金為273點。則李四在該次交易中實質獲利為190點，獲利率為250％，獲利高達驚人的2.5倍。以4點計算平均成本，則實質獲利為199點，獲利率約277％。

### 報價系統

台指選擇權目前的報價系統仍為最近三個月加上近期二個季月。舉例而言，例一：目前時間是4月3日星期二，本月台期指系統結算日期為4月19日現貨開盤前15分平均價，則以目前台指選擇權報價月份應為最近三個月（4、5、6月），加上最近二個季月為9及12月，共五個月。例二：假設目前時間為5月28日星期三，台期指5月份結算日期為5月22日。則此時選擇權的報價月份為最近三個月（6、7、8月），及最近二個季月（9月及12月），總共五個月。

而台期指選擇權的報價價位為call及put兩邊每隔100點

便有一個價位。而所有的履約價位是以歷史的軌跡作為其履約價位的報價。另根據目前指數位置必須列出最近標的物價位上下各兩檔的履約價。例如，假設大盤自4800位置，一天之內重挫300至4500點，則隔天的報價系統至少要有4300、4400、4500、4600、4700的履約價位。而其中4300、4400、4500的履約價位也許是新增，也許是原有的履約價位。

當然除了履約價位外，另外在履約價位的兩旁會標示商品名稱Call（買權）或Put（賣權）以及商品買進、賣出上下五檔的價格及數量最近的成交價格。漲跌、單量及總量（與個股報價近似）。而並非每個系統報價的方式都完全一致，但基本上是非常相近。

 ## 權利金與保證金

### 權利金

買方在進場交易時須支付權利金（Premium），其價格高低乃是透過期交所公開競價所決定。通常權利金的價格由二種價值所組成：

權利金＝內在價值（Intrinsic value）＋時間價值（Time value）

所謂「內在價值」（或內函值）係指標的物價格已達履約價格之內，已有價格可取得。由表4-2可清楚得知：

## 表4-2 選擇權之內在價值

選擇權之內在價值

| 選擇權種類 / 價位 | Call（買權，多） | Put（賣權，空） |
|---|---|---|
| 價內 | 標的物價位＞履約價 | 標的物價位＜履約價 |
| 價平 | 視為 0 | 視為 0 |
| 價外 | 視為 0 | 視為 0 |

舉例而言：

### 例一

假設目前台期指數為5260。某甲買了一口近月份履約價5200的Call（買權，多），花了權利金190點。則因5260＞5200，屬於價內之選擇權Call，而每點之價值為NT$50，其內在價值應為5260－5200＝60，時間價值便為190－60＝130。另外，若某甲也買了一口近月份履約價5400的Call（買權，多），權利金為70；則因5260＜5400，5400之Call（買權，多）屬於價外，無內函值（視為0），其時間值便為70。

### 例二

某乙亦於台期指數位置5260之同一時刻買進一口近月履約價5300之Put（賣權，空）權利金180，及近月履約價5000之Put（賣權，空）權利金45。則我們看5300之Put（賣權，空），因5260＜5300，屬於價內，其內函值為5300－5260＝40，時間值則為180－40＝140。而履約價5000之Put（賣

權，空），因5260＞5000，因此為價外之選擇權Put（賣權，空）。無內函值其時間值則為45。

### 例三

某丙於台期指數5300時各買了一口履約價為5300點的Call（買權、多），權利金為140；及一口履約價位5300的Put（賣權、差）權利金為135。則這兩口選擇權的時間值分別為多少。

5300－5300＝0，這兩口選擇權均未達到履約價，是為價平之選擇權，其時間值便分為140及135。

由上述例子，讀者對所謂內在價值應有較清楚的概念，只是對於到底什麼是時間價值相信仍有些模糊，大多數的書籍也沒有為讀者介紹清楚的概念。筆者在此為時間價值下一個較為清楚的定義，即選擇權的賣方在履約到期前所承擔的風險值。

我們了解在賣方收取買方權利金後，其最大的利潤為權利金金額，在履約到期過程中，賣方須隨時承擔因盤勢方向不利而造成巨額損失的風險（當然賣方亦可於方向不利時設停損或停利將權利買進贖回，或運用策略將風險轉嫁，關於這點我們將在第六章裡有更詳盡的介紹），而為了賣方權益有基本的保障，因此，在權利金的收取上，除了內函值外尚包括了時間值。

時間值在實際交易上包含以下三個要素：

1.時間的長短。

2.標的物與履約商品價位之價差。

3.投資大眾的預期心理。

　　所謂時間的長短者,時間愈長其時間值便愈大,而在只考慮其時間變數時,當時間逐漸縮減時,時間值亦隨之遞減,然而其遞減並非呈一次線性函數,而是呈現類似二次曲線函數的圖形(請參閱圖4-1)。

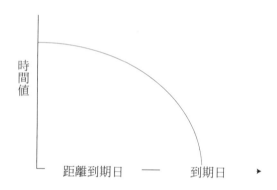

圖4-1　時間值之類擬二次曲線函數圖

　　另外,履約價與標的物之間價差所呈現的關係是,當時間為定值時,履約價與標的物之價差愈小其時間值便愈大;反之,則愈小。

　　這個關係其實並不難理解。如果我們能站在賣方的觀點去看便可一目了然。在稍後的章節裡會有詳細的解釋。

　　至於第3章投資大眾的預期心理,這點比較類似期貨有所謂正價差(即期貨>台指)及逆價差(即期指<台指)。但基本上而言時間值須大於0,然而在實際交易上常有中、

深度價內之選擇權其時間值會趨近於0或略小於0，此時往往會出現所謂「套利」的機會。（關於所謂的價差套利，我們將在下一本書裡會做說明）

## 保證金

當投資朋友站在賣方時，期交所為了保障買方投資人的權利，因此必須要賣方先預繳一筆保證，同時當方向不利於賣方，造成賣方持續虧損而賣方又尚未回補時（買回權利），賣方須追繳保證金。

其訂定方式如下：

保證金金額＝權利金市值＋Max（A－價外值，B）

A：選擇權保證金

B：選擇權最低保證金

價外值　Call：履約價位－標的現貨指數

　　　　Put：標的現貨指數－履約價

舉例而言：

### 例一

甲在2002年7月22日在市場上賣出一口履約價4800的Put，其權利金為100點，當時台期指數位置在5060，請問他須繳交多少的保證金？

### 解答

我們首先計算出：5060－4800＝260，所以，這是一

口價外的選擇權Put。再依公式計算其保證金金額可得（每1點以50元計價）：

　　權利金市值＝單點金額×點數

　　　　　　　＝50元×100點＝5000

　　A＝16000，B＝8000

　　價外值＝單點金額×內在價值

　　　　　　＝50×（5060－4800）＝13000

　　A－價外值＝16000－13000＝3000

　　所以，保證金金額爲：

　　保證金＝權利金市價＋Max（A－價外值，B）

　　5000＋Max（3000，8000）＝5000＋8000＝13000。

### 例二

　　同上題，如甲在同一時間又賣出一口履約價爲4800之Call，權利金爲350，請問應繳保證金爲多少？

### 解答

　　5060－4800＝260（這是一口價內選擇權Call）

　　價外值＝0

　　權利金市值＝50×350＝1750

　　保證金金額＝17500＋Max（16000，8000）

　　　　　　　　＝17500＋16000＝33500

## 例三

丙在台期指數4600時賣出一口履約價位4800的Put，權利金為270，請問應繳保證金為多少？

## 解答

$4800 - 4600 = 200$（此為一口價內選擇權Put）

權利金市值 $= 50 \times 270 = 13500$

保證金金額 $= 13500 + \text{Max}（16000, 8000）$

$\qquad\qquad = 13500 + 16000 = 29500$

## 例四

如丁在同期賣出一口履約價位4700的Call，權利金為120，請問應繳保證金為多少？

## 解答

這是一口價外的選擇權Call：

權利金市值 $= 50 \times 120 = 6000$

價外值 $= 50 \times （4800 - 4700）= 5000$

保證金金額 $= 6000 + \text{Max}（16000 - 5000, 8000）$

$\qquad\qquad = 6000 + 11000 = 17000$

另外，對於在交易選擇權的投資大眾而言，因有可能採用各種選擇權與選擇權間或期貨間複合式策略組合，其主要組合方式可區分為以下三大類：

1.價差部位保證金。

2.跨式及勒式部位保證金。

3.選擇權與期貨混合部位保證金。

至於上述這三項之說明辦法可洽營業員或期交所了解，筆者在此就不加贅述了。

 # 到期月份、履約價與成交量

截至2002年7月底之到期月份成交情形來看，交易市場之成交量絕大部分集中在近月份，而在近月份到期日前一週，隔月份的成交量開始呈現遞增情形。遠月份的選擇權則常呈現成交量為0，甚至是清一色沒有報價。當然，就推估而言，未來遠月份應仍有成交量，只是成交量應不至於太大。

此外，履約價與成交量之關係，通常為履約價在價平附近及價內、價外各200點左右或以內的成交量最大，而深度價內（價內400點以上）或深度價外（價外400點以上）之成交量則較小。

關於此點，筆者以為，在未來一段時間之後情況仍會依舊；因為，市場上幾乎都是充斥著站在買方的投機客，深度價內的選擇權其權利金較高投資報酬率相對較低，而深度價外的選擇權其相對於大盤變化之反應較不靈敏，其獲勝機率相對上就較低；而且，依選擇權的特性是絕對不利於做長期投資的（就站在買方而言），此點相信會漸為市場所認知。

因此，投資朋友們未來在做投資規劃及策略運用時，務必考量到實務上成交量的交易情況。

# 手續費、交易稅、交易金額之收支時間、到期日及各相關事宜

台指選擇權的手續費依証期會規定係採定額制，而非比例制（如股票便採比例制），無論權利金多寡，通常一口的手續費單邊（及買或賣一次）為168元（網路下單）至400元。若是到期履約自可省下單邊之手續費。選擇權由於係採用權利金交易制，通常單量之權利金金額均不高。因此，手續費可能佔整個交易成本上的極大比例，這是非常不合理的情況。是以，我們在計算成本預估時絕對不能將手續費等成本忽略不計，許多書籍或相關文章在討論有關獲利預估時，便往往以「理想」狀態視之，而忽略手續費交易稅等費用之計算。筆者在第2章理想與務實一節文中便提到這種情況，若依其他書籍所述，往往會讓投資人把重大虧損視為重大獲利的窠臼中。

舉例而言，張三在買了一口權利金為40的Put，賣出時權利金為48。此時的理想狀態為：$48-40=8$，$8/40=20$％，獲利為20％（二成）算是相當不錯的了。然而，其實際情形卻是，張三的單邊手續費400元（約8點），買賣共需16點的手續費成本（在此暫不考慮1.25％的交易稅）。因此，其實際成本應為：$40+8\times2=56$；盈虧共計為：$48-56$

＝－8，－8/40＋8≒－16.7％（須以第一次之投資成本來計算其盈虧，即權利金40點加手續費8點共48點）。由獲利正二成至虧損近一成七，其間差距不可謂不大。

另外，未來筆者在計算選擇權之手續費時，將採市場平均值即每口單邊300元（6點）計算。

而至於交易稅係採權利金之1.25 %計算（單邊），因其佔整個交易的成本較小，故在做粗估而非精準計算時可略而不計。但若選擇到期履約則須特別注意此時之交易稅1.25％。這個成本便不容忽略，因為這個成本係採合約規模之稅率來計算的，即：

$$（\underbrace{結算時之加權指數×50}_{合約規模}）×1.25\%$$

再者，選擇權交易須在期貨商開戶，資金必須匯入指定保管帳戶，交易採立即結價制（結算價錢），無論買、賣均無任何限制（當然戶頭必須立即有足夠的資金，此點與現貨市場有所差異）。到期日係當月第三個週三（注意：與第三週週三不同），結算價為次日現貨開盤前15分之平均價（以期交所公佈為準）。如果投資朋友們另有其他有關交易規則的問題或疑慮，在此筆者建議投資朋友們可請教你的營業員或期貨交易所，以清楚明白相關之交易規則，避免造成不明之損失。

本章最後，我們附上某證券公司的選擇權交易委託單之樣式，以便讓讀者更了解委託下單之方式。

# 某某證券股份有限公司

## 期貨期權買賣委託書

本單限當日國內期貨　　　委託方式：□當面　□電話　□書信
交易所營業時間內有效　　　　　　　□電報　□傳真　□其它

| 委託人 | 證券帳號 | 期貨帳號 | 期交所 台灣期貨交易所 |
|---|---|---|---|
| 委託日期 委託單號 | | | 交易幣別 NTD |

| 買進BUY | | | | | 賣出SELL | | | | |
|---|---|---|---|---|---|---|---|---|---|
| □新倉(OPEN) | | □平倉(CLOSE) | | | □新倉(OPEN) | | □平倉(CLOSE) | | |
| □買權(CALL) | | □賣權(PUT) | | | □買權(CALL) | | □賣權(PUT) | | |
| 數量 | 月份 | 契約名稱 | 履約價格 | 價格/權利金 | 數量 | 月份 | 契約名稱 | 履約價格 | 價格/權利金 |
| | | | | | | | | | |
| | | | | | | | | | |
| | | | | | 價差： | | | | |

委託條件：□FOK（立即全數成交否則取消）
　　　　　□IOC（立即成交否則取消）

委託人簽章：＿＿＿＿＿　　營業員簽章：＿＿＿＿＿　　□複誦

| | 2003/5/30 買權（CALL） | | | | 台指06月WTX0M3 | 賣權（PUT） | | | | |
|---|---|---|---|---|---|---|---|---|---|---|
| 買進 | 賣出 | 成交 | 漲跌 | 總量 | 履約價 | 買進 | 賣出 | 成交 | 漲跌 | 總量 |
| 870.00 | 995.00 | 855.00 | -90.00 | 26 | 3600 | 0.50 | 2.00 | 2.00 | +1.90 | 110 |
| 745.00 | 955.00 | 820.00 | -25.00 | 2 | 3700 | 1.00 | 2.90 | 2.10 | +2.00 | 72 |
| 700.00 | 765.00 | 730.00 | -15.00 | 56 | 3800 | 1.50 | 2.90 | 3.00 | +2.90 | 237 |
| 585.00 | 650.00 | 620.00 | +15.00 | 79 | 3900 | 3.00 | 3.80 | 4.00 | +3.90 | 376 |
| 510.00 | 540.00 | 520.00 | -25.00 | 120 | 4000 | 5.00 | 5.80 | 5.80 | +5.50 | 2144 |
| 410.00 | 434.00 | 420.00 | +39.00 | 379 | 4100 | 8.00 | 9.00 | 9.00 | +7.30 | 2975 |
| 326.00 | 343.00 | 330.00 | +30.00 | 1722 | 4200 | 15.00 | 16.00 | 15.50 | +9.50 | 7558 |
| 235.00 | 240.00 | 240.00 | +17.00 | 5118 | 4300 | 27.00 | 27.50 | 27.00 | +10.50 | 12864 |
| 161.00 | 162.00 | 162.00 | +7.00 | 7783 | 4400 | 50.00 | 51.00 | 50.00 | +10.50 | 15028 |
| 100.00 | 101.00 | 100.00 | +1.00 | 16350 | 4500 | 89.00 | 92.00 | 92.00 | +14.00 | 9620 |
| 59.00 | 60.11 | 60.00 | +2.00 | 20669 | 4600 | 145.00 | 150.00 | 148.00 | +10.00 | 4402 |
| 31.50 | 33.00 | 33.00 | +2.50 | 11823 | 4700 | 211.00 | 225.00 | 210.00 | -5.00 | 1398 |
| 17.50 | 18.00 | 18.00 | +3.50 | 5779 | 4800 | 280.00 | 318.00 | 300.00 | +32.00 | 430 |
| 9.50 | 9.80 | 9.50 | +2.70 | 1919 | 4900 | 360.00 | 400.00 | 400.00 | +41.00 | 86 |
| 5.00 | 6.00 | 5.10 | +2.00 | 901 | 5000 | 435.00 | 520.00 | 455.00 | +1.00 | 19 |

台指現貨 WTX0O;OS 成交時間13:32:29 昨收 4543.00 成交價4555.90 +12.90

2-1頁按 PGUP／PGDN 換頁，輸入 "." 顯示詳細報價資料。 92/05/30 13:43:49/

## 2003/5/30 台指07月WTX0M3

| 買權（CALL） | | | | | 履約價 | 賣權（PUT） | | | | |
|---|---|---|---|---|---|---|---|---|---|---|
| 買進 | 賣出 | 成交 | 漲跌 | 總量 | | 買進 | 賣出 | 成交 | 漲跌 | 總量 |
| 550.00 | 700.00 | 650.00 | -5.00 | 67 | 3900 | 6.00 | 9.30 | 7.00 | +4.10 | 64 |
| 482.00 | 660.00 | 530.00 | -25.00 | 16 | 4000 | 12.00 | 16.00 | 15.00 | +8.00 | 153 |
| 407.00 | 500.00 | 440.00 | -26.00 | 4 | 4100 | 20.50 | 25.00 | 23.00 | +8.50 | 387 |
| 321.00 | 484.00 | 389.00 | +11.00 | 19 | 4200 | 33.50 | 42.00 | 42.00 | +13.50 | 435 |
| 256.00 | 300.00 | 280.00 | +26.00 | 56 | 4300 | 62.00 | 69.00 | 62.00 | +11.00 | 499 |
| 205.00 | 240.00 | 213.00 | -14.00 | 80 | 4400 | 96.00 | 105.00 | 106.00 | +23.00 | 334 |
| 155.00 | 167.00 | 155.00 | -12.00 | 136 | 4500 | 128.00 | 155.00 | 150.00 | +21.00 | 198 |
| 110.00 | 127.00 | 110.00 | +9.00 | 134 | 4600 | 150.00 | 270.00 | 205.00 | +41.00 | 40 |
| 80.00 | 82.00 | 80.00 | +12.00 | 569 | 4700 | 201.00 | 349.00 | 265.00 | +39.00 | 25 |
| 52.00 | 54.00 | 52.00 | +7.50 | 1732 | 4800 | 230.00 | 400.00 | 220.00 | -121.00 | 13 |
| 34.00 | 41.00 | 35.00 | +6.50 | 552 | 4900 | 400.00 | 645.00 | 401.00 | +24.00 | 16 |

台指現貨　WTX0OO;OS　成交時間13:32:29　昨收　4543.00　成交價4555.90　+12.90

精實294南韓媒體：三星電子的第7代TFT-LCD面板生產線將在今　92/05/30　13:49:25/

| 買權（CALL） | | | | | 履約價 | 賣權（PUT） | | | | |
| 買進 | 賣出 | 成交 | 漲跌 | 總量 | | 買進 | 賣出 | 成交 | 漲跌 | 總量 |
|---|---|---|---|---|---|---|---|---|---|---|
| 605.00 | 775.00 | – | – | 0 | 3900 | 30.00 | 59.00 | 32.00 | +21.50 | 9 |
| 530.00 | 675.00 | 565.00 | -10.00 | 14 | 4000 | 31.00 | 47.50 | 42.00 | +23.00 | 6 |
| 441.00 | 525.00 | – | – | 0 | 4100 | 30.00 | 65.00 | 45.00 | +13.00 | 4 |
| 330.00 | 413.00 | 381.00 | -30.00 | 4 | 4200 | 70.00 | 94.00 | 85.00 | +28.00 | 26 |
| 325.00 | 410.00 | 360.00 | +23.00 | 1 | 4300 | 65.00 | 129.00 | – | – | 0 |
| 270.00 | 360.00 | 295.00 | +24.00 | 1 | 4400 | 131.00 | 180.00 | 154.00 | +45.00 | 18 |
| 202.00 | 256.00 | 202.00 | -11.00 | 19 | 4500 | 172.00 | 230.00 | 165.00 | +14.00 | 36 |
| 144.00 | 210.00 | 199.00 | +34.00 | 1 | 4600 | 190.00 | 280.00 | – | – | 0 |
| 101.00 | 188.00 | 149.00 | +25.00 | 1 | 4700 | 246.00 | 355.00 | – | – | 0 |
| 90.00 | 115.00 | 115.00 | +23.00 | 4 | 4800 | 321.00 | 479.00 | – | – | 0 |

2003/5/30　台指08月WTX0M3

台指現貨 WTX000;OS　成交時間13:32:29　昨收　4543.00　成交價4555.90　+12.90

財訊365公告：橘子（6180）因庫藏股關係，現金股息維持0.2元　92/05/30　13:52:53/

| 買權（CALL） | | | | | 台指09月WTX0M3 | 賣權（PUT） | | | | |
|---|---|---|---|---|---|---|---|---|---|---|
| 買進 | 賣出 | 成交 | 漲跌 | 總量 | 履約價 | 買進 | 賣出 | 成交 | 漲跌 | 總量 |
| 595.00 | 720.00 | — | — | 0 | 3900 | 48.00 | 52.00 | 52.00 | +33.00 | 71 |
| 441.00 | 570.00 | — | — | 0 | 4100 | 88.00 | 114.00 | 90.00 | +36.00 | 93 |
| 340.00 | 435.00 | 345.00 | -20.00 | 2 | 4300 | 155.00 | 180.00 | 155.00 | +44.00 | 9 |
| 240.00 | 300.00 | 275.00 | +30.00 | 12 | 4500 | 190.00 | 299.00 | — | — | 0 |
| 165.00 | 210.00 | 190.00 | +52.00 | 8 | 4700 | 310.00 | 430.00 | -535.00 | -+114.0 | 0 |
| 90.00 | 139.00 | 142.00 | +51.00 | 2 | 4900 | 460.00 | 550.00 | 670.00 | +95.00 | 1 |
| 77.00 | 97.00 | 99.00 | +41.00 | 1 | 5100 | 670.00 | 735.00 | 870.00 | +120.0 | 29 |
| 37.00 | 49.00 | 45.00 | +14.00 | 50 | 5300 | 765.00 | 900.00 | | | 1 |

2003/5/30

台指現貨　WTX000;OS　成交時間13:32:29　昨收　4543.00　成交價4555.90　+12.90

2-1頁　按　PGUP／PGDN　換頁，輸入"."，顯示詳細報價資料。　92/05/30　13:56:36

# 資金控管

良好的資金控管，

可使投資人在投資上能屹立不搖，達到峰頂；

而不當的資金控管或毫無資金控管，

則會帶領投資人前往毀滅一途。

# 兩大支柱與一個故事

在談到選擇權的特性、期貨與選擇權的操作策略前，筆者先講一個小故事：

有甲、乙二人他們各帶100元去參與一個賭博的遊戲，若贏，則他們可得押注金額一倍的獎金（不含原本的賭金）。輸者，則賠上賭注金額。假設他們二人因為機智及運氣，不會連續輸上五次，賭注下限1元，沒有上限限制。

甲先開始，第一次他便全部押注100元，贏了，獎金100元；第二次他押注200元，又贏了，獎金200元；第三次他押注400元……，前面連贏了4次，每次全都押注他身上所有的金額；第五次時依然如此，他押注1600元，然而此次他卻輸了，結果身上一毛不剩（情形詳見表5-1）。

表5-1

| 次數 | 總資金 | 押注金額 | 輸贏金額 | 剩餘金額 |
|------|--------|----------|----------|----------|
| 1 | 100 | 100 | ＋100 | 200 |
| 2 | 200 | 200 | ＋200 | 400 |
| 3 | 400 | 400 | ＋400 | 800 |
| 4 | 800 | 800 | ＋800 | 1600 |
| 5 | 1600 | 1600 | －1600 | 0 |

稍後輪到乙，乙第一次押注1元，輸了；第二次押注2元，又輸了。如此倍增押注，連輸四次，卻贏在第五次。最後結果竟還贏1元（詳見表5-2）

表5-2

| 次數 | 總資金 | 押注金額 | 輸贏金額 | 剩餘金額 |
|---|---|---|---|---|
| 1 | 100 | 1 | −1 | 99 |
| 2 | 99 | 2 | −2 | 97 |
| 3 | 97 | 4 | −4 | 93 |
| 4 | 93 | 8 | −8 | 85 |
| 5 | 85 | 16 | ＋16 | 101 |

　　甲、乙二人同樣均以100元作爲總投資金額，玩的是相同的遊戲，總共亦玩了五次。甲的績效很好，五次共贏了四次，輸一次，勝率八成。但最後總合他是虧損，因此是輸家。乙的績效很差，五次只贏了一次，輸四次，勝率二成，但最後總合他還是獲利，因此他是贏家。

　　這到底是怎麼一回事？其實這就是所謂的資金控管。良好的資金控管可使投資人在投資上能屹立不搖，終至達到峰頂；而不當的資金控管或毫無資金控管，終究會帶領投資人前往毀滅一途。

　　筆者前面曾經提到紀律是投資成敗的重要關鍵之一，而另一個重要關鍵就是資金控管。這二大因素，可謂是投資上的二大支柱，缺一不可。在投資時能確實嚴守紀律並掌控好資金控管，可使投資人立於不敗之地，這一點無論如何投資朋友一定要切記。

# 總資金規劃

　　如果李四有資金100萬元欲投入金融市場，到底他

該如何做好總資金規劃？

就總資金之規劃運用而言，這個問題一般市場上有二種類型即：(1)A型——定額投資型；(2)B型——全數投資型。

## 定額投資型（A型）

我們先檢視A型方式，即每次總資金均採定額方式。例如，張三以100萬投資一段期間，獲利10萬（一成）。之後，他將獲利的10萬元取回，總資金仍維持100萬，再投資一段時間後達到獲利10萬，依舊取回10萬，讓總資金保持100萬。

這個方式的優點是獲利時便取回，可以立即享受獲利的成果，缺點是總投資金額固定，無法利上滾利，讓財富迅速倍增。

## 全數投資型（B型）

李四使用B型方式以100萬投資一段時間，獲利10萬（一成），他將獲利金額含總金額共110萬再全數投入，又獲利一成（11萬），他再全數投入共121萬再次獲利一成（12萬1千），因此目前他共有總投資金$1,331,000。每一次他都將獲利再次的投入做投資，不斷以此方式迅速累積財富。

B型的優點是，投資積極具侵略性（Aggressive），容易在預定時間內倍增財富，達到致富的目標；缺點是，無法立即享受到獲利的成果，且在獲利N次後極有可能無法遵守紀律（人性使然）；再加上資金投入的比例佔總資金成數可能愈來愈大，只要有一次的失敗，都將使前面的獲利化為烏

有，甚至血本無歸。

## 折衷投資型（C型）

針對上述A、B型二種情況之優劣缺失，筆者提出折衷型的C型方式。C型方式係指在每次達成獲利目標後，將50％獲利取回，50％獲利再放進總資金裡做投資。如此可兼具A型與B型兩者方式的優點。

# 資金操作比例

在每次投入市場的資金操作裡，到底要如何分配比例比較合適？以目前一般社會投資大眾的常用方式，筆者列舉三個類型做比較。

## A類型——時間分類法

這類型的投資朋友以短、中、長線來分配投資金額，其實投資上的盈虧與投資的時間值少有一定的關聯性。所謂長線投資的定義為何？誰能確保長線的趨勢？不以確實數字量化去做資金分配，只以一個概念性的觀念做資金分配，甚至根本不做資金分配，這樣的投資結果終究要成為輸家。

## B類型——定額比例法

這類型的投資朋友每一次在投資操作時，均採取定額比例方式，如總資金的一成、二成或三成。這類型的投資朋友通常會設每次投資的停損及停益點。就長久的投資效益

而言，這是一個較單純的方式，但並非是較佳的方式。換句話說，可以了解，但不值得嘗試。

## C類型——漸增比例法

　　這是一個相當不錯的方法，主要是採取投資比例漸進的方式。舉例而言，第一次投資比例10％，若虧損，第二次增為15％；再虧損，第三次增為20％。若獲利，則須視三次投資之報酬；若投資報酬結果為正（獲利），便重新開始（從第一次的10％開始）；若投資報酬結果為負（虧損），則第四次投資比例須不小於20％。這是一個較複雜的方式，筆者嘗試用數學方式來表示如下：

　　M：表總金額

　　$r_n$：表第N次投資金額比例

$$r_n \geqq r_{n-1} \geqq \cdots\cdots \geqq r_3 \geqq r_2 \geqq r_1$$

　　$P_n$：表示獲利及虧損值

　　　　$P_n$若為負值，則表示虧損，且

$$|P_n| \geqq |P_{n-1}| \geqq \cdots\cdots \geqq |P_2| \geqq |P_1|$$

　　$t_n$：表示第N次之投資金額

　　這個式子裡還有一項因素即投資平均勝率不得低於五成則：

　　①當：$P_1 + P_2 + \cdots\cdots + P_n < 0$

　　　則：$t_{n+1} = r_{n+1} M$

　　②當：$P_1 + P_2 + \cdots\cdots + P_n > 0$

則：$t_{n+1} = r_1 M$

當然，除了前面三種類型之外，筆者更提出目前市面上未曾見（或相當罕見的）過的D、E類型如下：

## D類型──機率比例類型

機率比例類型的資金操作法係以機率值為參考值，機率值愈高，資金操作投入比例愈高（可詳見**表5-3**）。

表5-3　機率比例類型參照表

| 機率值 | 資金投入比 |
|---|---|
| 100% | 100% |
| 90% | 50% |
| 80% | 40% |
| 70% | 30% |
| 60% | 20% |
| 50% | 10% |
| ↓不考慮 | |

這類型的方式可能讀者仍會有一些疑惑，筆者茲做以下三點說明：

1.100％的機會真的非常少。筆者所謂的100％須含以下三個條件：

　①絕對的。

　②立即的。

　③相當幅度以上的。

其實能全部都符合這些條件的大概只有那些絕對重大事件：如九二一、九一一事件、SARS事件……

等。通常這些事件因爲極爲重大，即在開盤時已反映（以重挫反應）。但其趨勢在短期內依然仍深受事件本身影響，難以在開盤反應後立即轉折（即使在開盤時已大漲或大跌逾二百點）。當然，類此情況就現貨而言，由於環境或法令的限制（如漲停鎖死、跌停鎖死或平盤下不得放空……等），可能無法成交獲利。但如是期貨或選擇權（尤其是選擇權）應較無此種可能性（關於此點筆者在稍後的章節會再詳加說明）。

2. 其他90％，80％，70％……等機率值，必須由投資朋友們自己依照各種條件（如基本面、技術面、籌碼面……等）去綜合研判，並客觀的去做機率預估。

3. 爲何90％的機率只投注50％的資金成本，這是因爲90％是人爲主觀上的認知，即使還有10％的風險仍須謹愼小心，而50％的勝率時，筆者較建議投注資金比爲10％。如果我們換個角度去看，便可知90％的勝率有10％的失敗風險，50％的勝率有50％的失敗風險，而50％是10％的5倍，因此50％的勝率投注金額比例便爲90％勝率投注金額比例的1/5。

## E類型——黃金分類型

此類型爲C、D類型的組合，除了投資上採比例漸增外，另外亦根據機率值做投資比例參考。因此這樣的投資比例幾乎可以確保勝算。

有關黃金投資比例分類法，筆者將在以後的系列叢書中有專門的章節做較爲深入及精闢的介紹。

# 乘數效應

## 案例一：台股看空之股票乘數效應分析

假設小明有資金90萬，他看空A股，並預測A股的股價會由100元跌至50元，且A股屬於盤跌的趨勢，而非暴跌趨勢。（亦即在這樣的趨勢裡，任何一個價位均有放空的機會）。請問當A股股價跌到50元時，其理想的獲利目標應為多少？

一般的投資大眾在看到這個問題時，大部分最直接的回答便是，90萬元可以放空100元股票10張（融券保證金成數為九成）。因此，總共之獲利為：（100－50）×1000（一張股票1000股）×10＝50，共可獲利50萬元（假設我們暫時忽略手續費、證交稅及利息時）。

其實，較理想的操作方式應該如表5-4：

### 表5-4 乘數效應下之理想獲利目標

| 總資金 | 放空價位 | 張數 | 資金 | 回補價位 | 獲利 | 剩餘資金 |
|---|---|---|---|---|---|---|
| 90萬 | 100 | 10 | 90萬 | 90 | 10萬 | 100萬 |
| 100萬 | 90 | 12 | 97.2萬 | 80 | 12萬 | 112萬 |
| 112萬 | 80 | 15 | 108萬 | 70 | 15萬 | 127萬 |
| 129萬 | 70 | 20 | 126萬 | 60 | 20萬 | 147萬 |
| 147萬 | 60 | 27 | 145.8萬 | 50 | 27萬 | 174萬 |

＊至小數第一位、第二位時無條件捨去。

以上述第一種方式與第二種方式來做比較時，很明

顯的，第二種方式獲利74萬（174－90＝84）比第一種方式獲利50萬多了近七成。如果將手續費、證交稅、利息等成本計算在內。則第一種方式獲利約49.5萬，第二種方式獲利約80萬。相較之下方式二仍比方式一獲利高出逾六成。

## 案例二：台灣指數期貨之乘數效應分析

同樣的方式運用在所有的金融投資操作上。例如大華有資金12萬投資一口台指期，假設在他投資這段期間保證金維持一口12萬元。而他又極為精準地預測了指數在這段期間震盪了2000點，並可獲利2000點，試問他最大的獲利為多少錢？（暫時忽略手續費與期交稅）

欲解決此一問題至少須先了解台指期（台灣指數期貨）每1點的計算方式為200元。而一般的計算方式便是200×2,000＝400,000，獲利應為40萬元。但既然題目問的是最大獲利，而且大華又極為精準的預期事後並驗證〔期貨交易法裡，若因交易虧損而致保證金只剩75％時須追繳保證金（即Call Margin）至足夠。否則當保證金只剩50％時便強迫斷頭〕。那麼，我們便可將2000點分為600＋600＋600＋200，並操作如下：

表5-5　台指期之式算案例

| 總金額 | 口數 | 獲利點數 | 獲利金額 | 剩餘金額 |
|---|---|---|---|---|
| 120,000 | 1 | 600 | 120,000 | 240,000 |
| 240,000 | 2 | 600 | 240,000 | 480,000 |
| 480,000 | 4 | 600 | 480,000 | 960,000 |
| 960,000 | 8 | 200 | 320,000 | 1,280,000 |

我們一樣比較這二個方法，可得方法一獲利僅爲400,000元；而方法二的獲利竟可達1,160,000，比方法一多出達190％。

## 案例三：股票投資之乘數效應分析

看完上述二例，筆者再舉一例。老王以10萬元買A股10張，價格10元。買後便一路飆漲，不曾回頭的直至50元。請問他的最大獲利爲多少？

這個問題便單純多了，老王的獲利只有一種情形即是：（50－10）×1,000×10＝400,000，他共獲利40萬元。爲什麼在這個例子裡，老王並無法像前二例一樣不斷增加手上持A股的數量，以達獲利再倍增的目的呢？那是因爲，標的物價格的漲幅與獲利的幅度一樣，因此他的獲利無法讓他持有的標的物數量增加。

舉例而言，老王於A股20元時賣出持股10張，共獲利20萬元，他想再次買回A股，只能以20元甚至高於20元的價位買。如他再以20元的價位買回便只能一樣買回10張，多浪費一套的手續費與證交稅，沒有任何超額利潤。當然，他若能以18元買回，他便可買11張A股，並多出2元的超額利潤，但題目的設計上排除了這種情況。只要讀者能深入了解資金控管上的乘數效應，並加以充分運用，那麼致富的夢想絕對不是遙不可及。

# 攤平、停損

在金融市場的操作上往往總是不盡人意，許多的投資朋友們往往有此感覺，總是在股票賣出後才開始上漲，而股票經常一買就跌。更糟糕的是，賺錢的時候只贏一點點，賠錢的時候幾乎輸到快要把褲子當掉。這樣的操作模式，恐怕長期投資的結果最終會賠光所有資金。

如果我們在操作上總是可以做到：贏的時候常常像中樂透，輸的時候像被蚊子叮到一般不太痛癢，這樣便是標準的成功操作模式（即贏要贏盡，輸要小輸）。而要在操作上達到如此境界，就一定是要在每次進場時便已設好停損及停利。筆者在此衷心地忠告所有的投資朋友們，沒有停損觀念者最好不要進場。

## 投資虧損時之加碼攤平

通常在我們投資操作時如果虧損，我們要怎樣處理這些因投資而致目前帳面上造成的虧損？

一般的投資大眾大體上處理情形分成以下三種：

1.不處理等待行情反轉朝自己投資有利方向。

2.加碼攤平。

3.停損。

### 等待行情反轉

有關第一種處理方式的投資朋友，大多數最終的結果是

虧損持續加大，等待期盼的結果固然也可能出現奇蹟，不過這種機率就像電視劇裡要薄情郎回心轉意一樣，眞的是非常困難。

### 加碼攤平

　　在虧損持續的情況下，有些投資朋友會再度加碼，企圖將平均投資成本降低，等待行情反轉至原來的平均成本價位再平倉，以期在投資上不致虧損或造成虧損減小。這原本是一種不錯的操作方式，但有可能在持續加碼後，行情並未朝有利的方向反轉，反而加速朝投資不利的方向進行，這會使得虧損加速、加倍地擴大。

　　舉例而言，阿美買A股一張，價位50元，買後A股便持續下跌至40元。這時她於40元又加碼買進一張，欲將其平均成本降低（平均成本爲50+40/2=45，不計證交稅、手續費），希望A股能反彈至45元，再出脫手上A股。

　　其實這樣的作法有其弔詭處。基本上必須符合以下二個條件：

1. 行情出現反轉。
2. 行情反轉後必須達於阿美的投資平均成本價位。而要是A股的走勢爲50－40－30時，怎麼辦？阿美是否應於A股價爲30元時再加碼攤平降低成本？而如果A股再由30元跌至20元時，又該怎麼辦？其實，不斷的加碼攤平，到最後恐怕會「躺平」。（放空後股價飆漲再加空亦爲攤平）。因此，到底加碼攤平是否爲一處理個股市投資時，所造成的虧損的一個好的操作模

式，其理甚明。

### 停損

第三種方式是當投資造成一定程度虧損時，馬上停止交易，平倉退場，亦即為一般市場上所謂的「停損」。當投資人停損後，往往也會產生行情反轉朝投資人原投資價位有利的方向，但投資人也不必因此而覺得停損不當，因為萬一不設停損而致虧損持續擴大，甚至斷頭，那便非投資人所想見的結果。

## 投資虧損時之停損操作

通常停損的操作方式有以下三種：

1.等待最佳反轉的時機點，停損出場。
2.定比例停損。
3.技術指標已與投資方向相反時停損。

### 等待時機停損出場

有關第一點的停損方式為市場上的老手常用，而結果也常因此不能全身而退。其操作方式的立論基礎如下：

當甲買進A股時價位100元，後來A股的走勢一路往下，一直下挫至90元（一成）。此時，甲認為若在此刻停損可能會賣在相對的最低點，應等A股反彈逾90元時再找最佳的停損點賣出，讓損失減到最低，這個理論的邏輯與前面筆者提到「攤平」操作概念一樣的弔詭，因為要是A股下挫至90元時持續下挫，毫無反彈，該怎麼辦？

我們用以下的圖形來表示可能會更加清楚：

1.A股走勢：

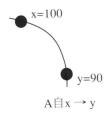

圖5-1　　A股走勢圖

2.A股反彈之停損點 z：

圖5-2　　甲期待A股反彈之停損點 z

3.A股未來可能走勢：

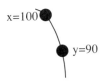

圖5-3　　A股未來有可能之走勢

通常，以人性而言，當股價下挫後反彈至 z 點大概

也不會進行停損，而是希望反彈再多一些，讓損失再少一些，而這種情形到最後的結果便是，損失持續加大。

### 定比例停損

這是一個相當明智且相當果決的方法，即當投資人進場時，他便已設好停損的價位。一旦當行情出現這個價位時便馬上停損出場。而通常這個方式運用在股票的停損上是以定比例，如5％、7％或10％為停損點。而在期貨上則是以點數作為停損點，如30點、50點或70點等。

這樣的停損方式可以永遠都將風險控制在一定的範圍內，而不致讓虧損無限制的擴大。因此，一個成功的投資人寧願在虧損時設定額停損，寧願斷手斷腳也不要被斷頭。切記，一定要善設停損點，嚴格而果決的執行，這條路才能走得長遠。

### 技術指標參考停損法

以一般技術指標，如月線、季線、半年線或KD指標、MACD指標為依據作為停損之主要參考。

### 比例漸減停損法

筆者在此另外提出一個方法，即「比例漸減停損法」。這個方法比較複雜，而且必須配合筆者前面所提的資金操作比例裡E類型的黃金分類法混合使用。筆者將會在《致富新捷徑》系列叢書（II）「金融投資策略」裡有著更為詳盡的介紹。

# 停利點

投資朋友在金融市場裡操作要善設停損點，那如果獲利呢？如何能確保獲利？甚至在一次成功的操作裡。如何操作才能獲得最佳的獲利？

## 善設停利點

許多的投資朋友在進場獲利後，不知如何出場，死抱活抱手上持股（玩期貨、選擇權也一樣一直續抱），直至由獲利變虧損，方才覺得後悔。當然，也有許多投資朋友在多次的操作中遇到重大行情，但每次都只有獲利一點點便獲利了結，結果是該大賺都沒賺到。要如何避免出現上述情況的產生，便是必須善設停利點。目前市場上大體有：(1)固定停利；(2)浮動停利等兩種停利方式。

### 固定停利

將獲利固定在一個幅度或額度（如獲利10％、20％，或獲利5點，50點、100點……等），一旦達到此目標，便獲利了結。

其優點為，簡單方便，可確保獲利；缺點則是無法獲得最佳的獲利狀態。

### 浮動停利

在浮動停利方面，第一階段要先設定獲利目標，一旦達成便隨著股價的波動不斷調節獲利目標，直至行情反轉至最近的一次目標，才算獲利了結。我們用**圖5-4**來表示可能

會更為清楚。

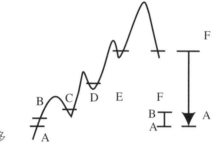

做多

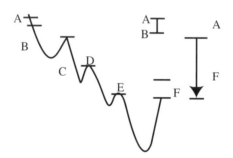

放空

A：進場點

B：第一次停利目標

C、D、E：更動後的停利目標

F：出場點，F=E

AF：獲利幅度

圖5-4　浮動停利

由圖5-4中很明顯的可見，AF＞AB甚多。

浮動停例的優點是，可以在操作時獲得最佳獲利狀態；缺點是，較為複雜麻煩，可能須常常變更停利點。

閱讀過本章後，筆者深切地希望投資朋友們能將此章的要義精髓好好的融會貫通，畢竟這是在金融操作市場通往致富之道的基本功。有了如此的功力，投資朋友們在成功大道上又將邁進一大步。

# 選擇權的特性

選擇權，一種神奇的商品，

到底它的魅力何在，

就讓本章為您揭開神秘的面紗。

# 神奇的商品

　　筆者曾於前言中提過選擇權的奇特，在第2章也曾約略介紹過，但並未對其特性詳加分析。

　　在著述本書之前，筆者曾小額投資選擇權商品一段時間，並深切的思考與體悟其中奧秘。亦於此段期間閱讀過許多有關選擇權商品的書籍及文章。發現，幾乎所有對選擇權的介紹往往似是而非，甚至大多數的觀點均犯了共同的嚴重錯誤，而這個章節正揭開了選擇權神秘的面紗。

　　簡單的說，到底選擇權的魅力在哪裡？其實它具有許多非常神奇的特性。就站在選擇權的買方而言，只要選擇了適合價位的選擇權，方向對了，也有相當的振幅，更重要的是在適當的時機點，常常便可獲利數倍。這就有點像中樂透一般，那又誰要站在賣方呢？

　　賣方就好比是樂透或賭局裡的莊家一般，表面上看來似乎背負了很大的風險，但就長久而言，賣方才是真正的大贏家。

　　選擇權在最初的設計上原是作為期貨避險使用，因此它的權利金（Premium）一字與英文的保險費（Premium）相同。由於期貨具備高槓桿原理，風險與利潤均相當大。若無一個可以提供期貨避險的商品，往往會使市場上的投機客在行情劇烈往不利方向時，蒙受重大損失。選擇權商品於是產生，它提供了期貨投機客最佳的避險管道，因此，就站在選擇權的買方而言，他付出了權利金，通常便是在行情沒有大

波動的情況下，至到期日全部損失。所以，即使它經常會出現權利金暴增數倍的情況，但那不容易掌握，就買方而言，他的勝率較低。但也由於它的槓桿倍數比起期貨更高，於是吸引了市場上許多的投機客進場交易。

欲藉由選擇權來獲利，甚至致富，一定要先了解選擇權商品的特性，進而擬定出適當的策略。而選擇權的特色主要是因為它是藉由權利金交易，因此，一定要徹底了解選擇權權利金結構的變化情形。

# 必須了解的分類

以目前台指選擇權而言，它實際上真正應是附屬於台指期貨商品，而非台指加權指數，而這兩者之間仍會有一些差異。當然，在交易時除非是運用到所謂套利策略系統交易，否則台指加權指數亦不失為一很好（或很接近）的參考指標，而本書在介紹時為讓讀者較為方便理解，因此多以加權台指做參考依據（期貨附屬於現貨而選擇權又附屬於期貨）。

假設有一投資人在目前台指5000點的階段，對於未來的台股走勢看多，那麼他該如何操作，才有可能在同一時間、同一指數進場，或在同一時間、同一指數出場，運用相同的資金的情況下獲取最佳的利益？

關於這個問題，基本上這位投資人有以下幾種操作方式：⑴進期貨多單；⑵買選擇權Call；⑶賣選擇權Put。而這其中買call又有許多指數價位，假設從4500～5500的價

位都有，那又該如何選擇？同理，賣Put的情形亦同，到底要買哪一個價位的Put最佳？

但如果說最後的指數確實如該投資人（以甲代稱）所預期的走多，這個問題仍然沒有確切的答案。因為，包括甲投資人這段時間的長短、指數的漲幅、選擇權Call及Put所履約的價位，均會影響最後投資的結果。關於這一點，讀者只要將本章節選擇權的特性深入了解，自然便可體會。

筆者曾一再強調選擇權的神奇特性，這個特性的神奇之處主要是它會隨著價位、時間、幅度的變化而呈現非一次線性函數的變化（此點與期貨完全不同）。為了便於介紹這些特性，筆者將它做成概略性的分類，以便於說明。

## 投資期間

投資期間分成四個階段，分述如下：

1. 極短期：1天內。
2. 短期：3天內。
3. 中期：4～9天。
4. 長期：10天以上。

## 履約期限

我們以28個交易日進行計算（平均），即一個月的履約期限加一週。例如2002年8月份的選擇權一個月期為自7月18日至8月21日，但自前一週7月11日起交易量便已顯著增加，因此，我們會多計一週的交易日。

1.初期：7天。

2.中期：13天。

3.末期：5天。

4.終期：3天。

## 履約價位

履約價位約可分為下列七種，分述如下：

1.價平：履約價與台指相同或履約價介於價內50點及價外50點以內者。例如：

　①台指5200，5200的選擇權Call及Put。

　②台指5030，5000的Call（價內30點）及5000的Put（價外30點）。

2.淺度價外：指履約價距台指50～200點以內，價外的Call及Put。

3.中度價外：指履約價之選擇權距台指價外距離約200～400點之間者。

4.深度價外：指履約價之選擇權距台指價外逾400點以上者。

5.淺度價內：指履約價距台指為價內50～200之選擇權。

6.中度價內：指履約價距台指為價內200～400之選擇權。

7.深度價內：指履約價距台指為價內400以上之選擇權。

# 權利金的結構及其增長衰減

## 影響時間值之三要素

我們在第2章認識選擇權，曾提到權利金的結構係由內函值與時間值二因素所構成，同時也提到時間值的三項特性：

1. 權利金＝內函值＋時間值。
2. 時間值所含之三因素：
    ① 時間長短。
    ② 標的物價格與履約商品價格之相對價格差異。
    ③ 市場預期心理。

我們就前二項影響時間值因素做個合理而詳細的解釋（雖然在第2章已提過，但在此必須作更詳盡的解說，讓讀者能真正了解）。

## 時間長短

就時間長短影響時間值之因素，請讀者再參閱本書第4章〈權利金與保證金〉一節裡所提，時間值與履約到期期限長短之間的關係。

我們曉得，時間愈長，被履約實踐的機會愈大，其時間值亦應愈大；但時間的長短與機率被實現與否並非呈現一次的線性函數關係。舉例而言，如果期待加權指數上漲200點，20天的時間其機率值並非是10天時間的2倍，基本上應

是小於2倍；因為，短時間的劇烈振盪其機率值並不見得比長時間劇烈振盪的機率值小多少。然而，隨著時間逐步的消逝，其被履約實踐的機率卻會愈來愈低，甚至當時間已將近到期之時，屆時其被履約實現之機率幾乎可以說是微乎其微，甚至是根本不可能被實現。此時，選擇權的時間值便衰減得非常快速；同時，其值亦快速的趨近於零。

在實際的情形下，期初的時間值衰減得很慢，到期中後時間值衰減加劇，而接近期末甚至期終其時間值可說是衰減的非常急遽。這點對於有意投資選擇權的朋友務必要特別留意。在此我們將時間值衰減的情形再用圖形表達一次，如圖6-1：

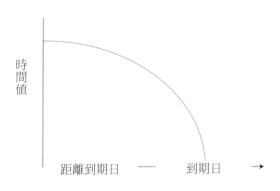

圖6-1　時間對時間值之影響

## 標的物價格與履約商品價格之差異對時間值之影響

基本上，倘若我們站在賣方的觀點去思考，這個問題便不難理解。

我們不妨查閱91年7月30日大盤收盤指數，當時收

盤價指數位置在5005.04（大約5000左右），那天選擇權的收盤價依序如下：

Call 4700　　權利金 355　　時間值 55

Call 4800　　權利金 288　　時間值 88

Call 4900　　權利金 215　　時間值 115

Call 5000　　權利金 165　　時間值 165

Call 5100　　權利金 125　　時間值 125

Call 5200　　權利金 92　　　時間值 92

Call 5300　　權利金 65　　　時間值 65

我們可以看出這一序列的報價以Call 5000（約為價平）的時間值最高，這個原因其實不難理解。就賣方而言，價平剛好觸及履約價格，此時任何不利賣方的方向振幅將立即讓賣方產生有內函值的損失風險。

就價平Call 5000而言，如果權利金與5300一樣都是65，那如果指數在二天內大漲300點，則單是內函值而言，賣方至少要損失三百點。而若是履約價Call 5300的權利金65，當指數一樣在二天內大漲300時，賣方尚無內函值的損失。而就履約價Call 4700而言，當指數漲300點，固然賣方須虧損內函值300點，但若指數跌300點，他也可獲利內函值300點，但此時的時間值因接近價平，時間值因而會變大，就時間值而言便會形成虧損。因此，賣方的獲利與虧損幅度在短線上較為對稱，價內的選擇權其時間值便無需如此大。

筆者就各種價位選擇權之時間值之間的差異，用**圖6-2**表示如下：

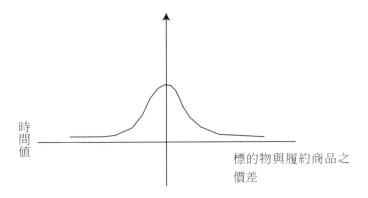

時間值

標的物與履約商品之
價差

圖6-2　選擇權各價位之時間值

　　我們了解選擇權的權利金結構既為內函值加上時間值，則選擇權之各種價位履約商品其時間值佔整體權利金之比例亦不一，整體權利金因時間之衰減而衰減的情況亦不一，我們茲以**圖6-3**表示。

　　**只要**了解各種履約價商品其權利金與時間互動之情形，在操作上就更能駕輕就熟。

　　以站在選擇權的買方而言，其投資的長短時間若忽略標的物振動及其他各項因素，單純就時間效益對投資價值而言其利弊如下：

1.愈接近期末或期終，投資時間愈長愈不利。
2.價平及價外選擇權由於其權利金全由時間值組成，因此投資時間愈長對整體權利金的耗損便愈大，也愈不利。而對價內值愈深的選擇權便較不顯著。

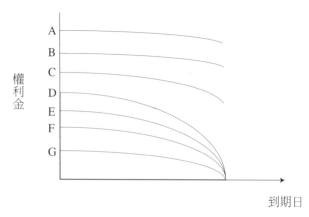

A：深度價內之選擇權
B：中度價內之選擇權
C：淺度價內之選擇權
D：價平之選擇權
E：淺度價外之選擇權
F：中度價外之選擇權
G：深度價外之選擇權

圖6-3　各種履約價位選擇權商品之權利金與時間的關聯性

 選擇權BS模型之 δ 值探討

### BS的五權選擇模式

在探討選擇權特性的許多書籍或文章裡，常常會見到所
謂BS模式的五種選擇權模式，討論模式分爲：$\delta$（Delta）、
$\gamma$（Gamma）、$\nu$（Vega）、$\theta$（Theta）、$\rho$（Rho）五種。

除了這五種常見的係數外，筆者另外提出個人所研發出的四種很重要的特性係數：$\alpha$（Arfa）、$\beta$（Bata）、$\omega$（Omega）、$\lambda$（Landa）。對於上述這九項參考係數，筆者只就其中對於在操作策略上有重要參考價值的係數，作較深及較詳細的探討及說明。

## BS模型之$\delta$值探討

　　一般在選擇權裡提到的$\delta$值，其定義為標的物價格每變動一單位，選擇權價格的變動數。如果標的物價格為X，選擇權價格為Y，則以數學表示為$\delta = \Delta Y / \Delta X$。我們以實例說明。2002年7月15日，8月份的選擇權為期初，我們看履約價5700之Call其收盤價權利金為59，假設此時指數突然大漲100點，則其權利金可能為88（參考當天選擇權Call 5600之收盤價），其$\delta$值便為88－59／100＝0.29，若指數於當天收盤時以該指數位置大漲200點，則其收盤價權利金有可能為128（可參考當天選擇權Call 5500之收盤價）。其$\delta$均值便為$\delta_{ave0\text{-}200}$＝128－59／200＝0.345。比較於以一定點時漲100點，及該定點漲200點時，第100點至第200點之間$\delta$變化可發現$\delta$值呈遞增現象。我們以數學式子加以表示如下：

$$\delta^{+}_{0\text{-}100} = \frac{88-59}{100} = 0.29$$

$$\delta^{+}_{100\text{-}200} = \frac{128-88}{100} = 0.4$$

同理，當指示下跌200點時，其$\delta$值則應為：

$$\delta^-_{0\text{-}100} = \frac{38.5-59}{100} = -0.205$$

$$\delta^-_{100\text{-}200} = \frac{21-38.5}{100} = -0.175$$

綜合上述，我們比較為0.29與為－0.205及0.4與－0.175時，可以發現二點如下：

1. 當指數在短期間【註1】朝有利方向與不利方向的區間相同時 $|\delta^+_R| > |\delta^-_R|$。以實例說明，即是當指數在極短時間朝投資有利方向發展時及朝投資不利方向發展時，$\delta$值正的數字比負的數字還多。譬如買進一口 Call當天若漲100點，權利金增加29點，$\delta$值為0.29，但若跌100點權利金減少為20.5，$\delta$值為-0.205。同樣，指數漲100點與跌100點，獲利比損失金額還多。這種變化關係即一般我們所謂的「$\delta$值不對稱性」。

短時間，亦即忽略時間衰減因素。

註1

2. 當指數愈朝投資有利方向時，$|\delta|$值愈大；而愈朝投資不利方向時，$|\delta|$值愈小。亦即在短期內，當指數朝投資有利方向發展時，獲利會愈來愈加速而且擴大；反之，當指數朝投資不利方向時，虧損會縮小而且減緩。

除了上述二點的特性之外，另有三點如下：

1. 當履約商品愈往深度價內發展時，若投資標的物價格（簡稱指數）朝投資有利方向發展，則$\delta$值會漸漸地

趨近於1
【註2】。

4.當標的物
價格愈朝
向投資不
利方向發
展時，此
時 $|\overline{\delta_R^-}|$
會愈趨近於0。

5.理論上，$|\delta|$須不大於1，即 $|\delta| \leq 1$。

例如，價內500的選擇權Call其時間值很小，因而當指數漲100點時，會變成價內600點的選擇權Call。此時，內函值會增加100點，而時間值方面因選擇權價內600的Call（假設為5點，因其離價平太遠）比選擇權價內500點的Call稍低（假設為10點，原因同上，但稍微接近價平）。時間值可能只減少5點，其權利金增加為100-5＝95點。δ值為95/100＝0.95。

**註2**

## 例一

　　參閱 $\delta$ 值的優點是對任何一個行情的判斷後，再決定作什麼樣的投資策略並進行操作。舉例而言，投資人陳一判斷短線上為多頭走勢，但振幅狹小，幅度可能不超過50點。而這個投資人陳一要如何操作最合適？

## 解答

　　陳一首先要決定的是，他到底是要站在買方或是賣方，究竟是哪一方較為合宜。依照題意，既屬短線操作則應選擇

在選擇權操作的大原則上，買方須短線操作，賣方須中長線操作。

**註3**

站在買方較適合【註3】。在判斷多頭走勢時應買進選擇權Call或期貨多單部位，則以下列二個進行推斷：

①若陳一的預測與實際結果非常接近，而他又能掌握到約40點的振幅。以期貨而言，他大概能獲利40點，扣除約10點的成本，實際獲利約30點。若當時合約規模每口約合600點之保證金，則他約獲利5%。

②以投資選擇權站在Call的買方而言，他必須先考慮各個價位Call的權利金成本及$\delta$值之關係。若他選擇價外300點之Call，其$\delta_{0\text{-}100}$值為0.2，則大盤指數上漲40點，其權利金漲幅為$40 \times 0.2 = 8$，約8點左右。如此一來，扣除掉進出手續費等成本約13～14點，其實際上可能仍是虧損。而倘使他選擇價內300點之Call，其$\delta_{0\text{-}100}$值為0.85，則其權利金漲幅約為$40 \times 0.85 = 34$，扣除其他成本13點。獲利21點。而假設其權利金為350點，其獲利率約6%。則以選擇買價內300之Call為較佳之選擇。

以下的因素與圖形，為筆者根據近三個月的$\delta$統計平均值計算。其中仍含相當大的誤差，尤其是市場上係聯合競價，價格由市場之供需及所有投資人之預期心理所共同決定。粗估其誤差值仍約介於±15%之間，但投資人以此做權利金落點預估，應可估出其落點的區間範圍。

## 價平選擇權期初之$\delta$平均值

表6-1是針對所有投資台指選擇權的朋友而言，是相當重要的圖表資料，可供參考與依據，但使用這個圖表時必須注意下列事項：

表6-1　價平選擇權期初之 $\delta$ 平均值

| 大盤指數之走勢 | $\delta$ 值（期初） | 期中 | 期末 | 期終 |
|---|---|---|---|---|
| $300^--400^-$ | $-0.23$ | $-0.17$ | $-0.06$ | $0.00$ |
| $200^--300^-$ | $-0.30$ | $-0.26$ | $-0.14$ | $-0.02$ |
| $100^--200^-$ | $-0.39$ | $-0.33$ | $-0.24$ | $-0.09$ |
| $0-100^-$ | $-0.48$ | $-0.44$ | $-0.40$ | $-0.30$ |
| $0-100^+$ | $0.56$ | $0.63$ | $0.72$ | $0.78$ |
| $100^+-200^+$ | $0.67$ | $0.72$ | $0.82$ | $0.94$ |
| $200^+-300^+$ | $0.80$ | $0.84$ | $0.90$ | $1.00$ |
| $300^+-400^+$ | $0.92$ | $0.94$ | $1.00$ | $1.00$ |

註：+表朝投資獲利方向，-表投資虧損方向

1. 這是一個統計上的平均值，在任何一個時機點，實際上選擇權的權利金之變化與所預估的值仍會有所差距。但大多數誤差大約在±5%以內。例如權利金未來預估值為120，則實際值約介於114～126之間。其實無論是由理論值或統計平均值去推估一定都會有誤差，有時誤差值還很大，因為所謂價格乃是由市場交易機制之供需雙方決定，不是由理論或統計來決定。

2. 時間值的因素中包含一個市場預期心理，在市場預期隱含波動率偏低時，其時間值會偏低；反之，則會偏高。

3. 經由 $\delta$ 值去推斷大盤指數在振動後的選擇權，權利金並未包含因時間減少而導致時間值的衰減。如果時間衰減影響權利金的因素是在期初及期中，而且時間約在一天，也許可以忽略，但若發生在期末或期終則切不可如此。

4.使用此圖表時先了解目前的時間點在哪裡，是期初、
期中、期末或期終。再來則是了解所投資之選擇權的
價位，若為價平則為中線（粗黑線），每一格表示大
盤指數跳動100點的位置，往下為正（獲利），往上為
負（虧損），價內選擇權往下移動，價外往上移動。

**例一**

　　若在期初購買1口權利金160點價平的選擇權Call，當大
盤指數一天內漲100點時權利金約為多少？

**解答**

160+0.56×100＝216

此時，權利金約為216點。

**例二**

　　若在期中時，買價內100點的Put權利金200點，當大盤
指數在一天內漲200點時，權利金約為多少？

**解答**

①價內100點為價平往下移動一格那條線。

②購買Put當大盤漲時，權利金為衰減。找到其位置後
　再加以計算如下：

200+（-0.53）×100+（-0.44）×100＝103

（此時因為虧損，原0.53之正值應改為負值）

## 例三

期末時購買價外200點之Put 15點,當指數一天內大跌300點時,權利金約為多少?

## 解答

價外200點須由價平中線往上移2格,跌時有利於Put為獲利,$\delta$值應為正值。算式如下:

$$15+0.24\times100+0.4\times100+0.72\times100=148$$

此時,權利金約為148點。

除了用圖表表示$\delta$值外,可再用圖形來表示,讀者們將可更清楚它的變化情形。

 # γ 值、v 值、ρ 值

### γ 值之探討

所謂的$\gamma$值經定義為,標的物價格每變動一個單位,$\delta$值之變動量。用數學式子表示即為$\gamma=\Delta y/\Delta x$。我們以期終時期價外300點之選擇權為例,當大盤指數在一天內朝獲利方向發展,走勢從100、200……至600點時(假設當時大盤指數為萬點),此時的$\gamma$值之變化情形為:

$$\gamma_{0\text{-}100}=\frac{0.02-0}{100}=0.0002$$

$$\gamma_{100\text{-}200} = \frac{0.09 - 0.02}{100} = 0.0009$$

$$\gamma_{200\text{-}300} = \frac{0.3 - 0.02}{100} = 0.0028$$

$$\gamma_{300\text{-}400} = \frac{0.78 - 0.3}{100} = 0.0045$$

$$\gamma_{400\text{-}500} = \frac{0.94 - 0.78}{100} = 0.0016$$

$$\gamma_{500\text{-}600} = \frac{1 - 0.94}{100} = 0.0006$$

我們看到，$\gamma$值在大盤指數往獲利方向300-500點時最大。此點顯示，所購買之那口選擇權在大盤指數極短期內趨向獲利方向走勢時振動幅度達300點，則此時有一較為顯著的轉折，其獲利幅度將急遽上升。因此可由$\gamma$值得知獲利與虧損急遽轉折之處。

## $\nu$ 值之探討

所謂$\nu$值即為標的物價格每變動1%，選擇權價格之變動數。我們以數學式子表示為$\nu = \Delta y/x\%$，基本上只要深入去了解$\delta$值即可，$\nu$值與$\delta$值的意義相近。

但在擬定選擇權投資策略時，可研究其波動率，基本上在同一時段波動率愈高者策略上可選擇站在買方，若波動率低則策略上選擇站在賣方。

## $\rho$ 值之探討

所謂「$\rho$值」即為市場上利率每變動1%時，選擇權價格的變動數。用數學式子表示即為$\rho$值$=\Delta y/\nu\%$（以i表示

利率）。以目前台指選擇權而言，由於期限均為一個月（暫不考慮遠月份選擇權商品，因成交量太小，內外盤差異過大，甚至常常沒有報價），利率在一個月內不太可能有太過劇烈的波動，因此，可以暫時忽略不計。亦即，不必太花心思去研究 $\rho$ 值。

# θ 值

$\theta$ 值的定義為距到期日每隔一天，選擇權價格的變動數。若以數學式子來表示為 $\theta = \Delta y/\Delta t$（t表時間）。

在前面我們曾一再談論到選擇權的權利金＝內函值+時間值，也曾提過時間的衰減與時間值之間的關係，並用圖形表示過。（請參閱第4章第50頁）

讀者們或認為該圖形狀似¼圓弧，然而實際不是。所以如果讀者以¼圓弧去做計算、推估，非常有可能會產生很大的差異，因為若以時間值過50%為例實際的時間值約為原來的71%，而以圓弧算出的值為86.6%。因此，筆者在此將兩者之間的關係以**表6-2**加以詳列，讀者可參照之。

## 例一

我們舉例而言，期初時（距離到期日有25天），價平的選擇權Call權利金為200，則試問經過5天後，假設大盤指數與5天前完全一樣，其權利金約為多少？

表6-2 時間值與時間衰減之關係

| 剩餘時間 | 剩餘時間值 |
|---|---|
| 100% | 100% |
| 90% | 95% |
| 80% | 89% |
| 70% | 84% |
| 60% | 77% |
| 50% | 71% |
| 40% | 63% |
| 30% | 55% |
| 24.5% | 50% |
| 20% | 45% |
| 10% | 32% |
| 5% | 22% |
| 1% | 10% |

**解答**

$$\frac{25-5}{100} \times 100\% = 80\%，對照圖表時間值剩89\%$$

$200 \times 89\% = 178$

權利金預估約為178左右

有了表6-1及表6-2，相信讀者對投資選擇權的權利金變化更能準確地預估其落點範圍了。

 **α 值**

$\alpha$ 一值表示標物價格每變動一個單位時，投資之獲利比率。這個參數是在選擇投資選擇權之履約價位時，非常重要

的參考依據。坊間一般的書籍皆未曾提及，筆者以爲甚爲可惜。

我們以數學式子表示則爲 $\alpha = \Delta y/y \times 100\% = \delta \times \Delta x/y \times 100\%$。

我們經由統計後以二種方式表示，一爲不計手續費等成本所得之毛利（gross profit，以g.p.表示）；另一爲計算手續費、交易稅之成本（以目前市面之平均成本計）所得之淨利（net profit，以n.p.表示）【註4】。請注意，統計表上會忽略時間值衰減因素，並假設這些變動是在極短期之內完成。

投資朋友可以參考投資獲利表（參閱**附錄一**），基本上這個投資獲利表格具有非常大的參考價值，幾乎所有投資選擇權的朋友們可能都必須了解投資後可能的獲利比率情形。但在使用此表格時仍有以下幾點務必加以注意，事項如下：

目前的手續費因採定額制而非比例制，所佔整個交易成本過高（尤其是低價位的選擇權）。如果忽略不計，可能會產生毛利是獲利二成，淨利變成虧損二成的情況。未來也許有機會變動也說不定。

註4

1. 這些數據係統計學上的平均值，與實際值往往會有相當的差距，但其參考價值仍相當大。

2. 在參考獲利率數據時，請儘量以n.p.作爲參考值，因爲n.p.（net profit）爲淨利潤，比較接近眞實情況。而g.p（gross profit）爲毛利潤，往往與眞實情況有一段差距（因目前手續費成本過高）。

3. 本表在計算目前手續費、交易稅等成本時，爲買進時加6點，賣出時減權利金7點。

4. 由於有些選擇權的權利金報價爲0.1點，若該價位選擇權權利金上漲至5點，乍看之下獲利爲49倍，獲利率49%。然而，實際上計算手續費等成本時，買進時成本價爲6.1點，賣出時成本爲2點（5－7＝-2），獲利爲-2－6.1＝-8.1，獲利率爲-8.1/6.1×100%≒-133%。

5. 圖表上有許多獲利率爲-100%，係表示虧損趨近於-100%，甚至超過-100%。在超過-100%部分則以-100%計（因可以不予賣出）。但即使在帳面上的損失是-100%，並不表示便毫無機會翻身，因爲，此時如果行情忽然大翻轉，反而朝投資有利方向發展，還是有可能敗部復活，因爲就選擇權的買方而言，他所擁有的是權利，在還未拋售權利前，即使他的帳面虧損已達100%，仍有機會翻身，不過通常這種機會是微乎其微，因此還是得非常小心才是。

6. 本表格並未將時間值的衰減因素考慮在內，因此可以視爲這些反應是極短期的，時間值可以暫時忽略不計。

7. 所有表格的獲利、虧損情形係站在買方而言，若針對賣方的損益比例則不能使用此表，有人可能針對極短期而言將獲利的正負對調，藉此評估賣方的損益比例。這個做法是錯誤的，基本上買賣雙方是相對的，不計手續費、交易稅……等成本，權利金輸家跑到贏家那邊。但由於兩邊的交易成本不同，因此損益的比

例不能站在同一基準點（買方以權利金交易，賣方則需繳交一筆保證金）。

# β、ω、λ值

## β值之探討

筆者於此提出所謂的β值，可能有些讀者會在其他相關選擇權的參數係數裡看到類似符號，而給予不同的定義。這些並不影響我們賦予它的新定義，基本上除了共通的符號有著大家所共同認知的意義外，人們可以使用任何符號給予新的定義來闡釋它。

在此討論β值，它的定義是當然標的物價格變動一個單位時，獲利比率的變動量，用數學式子表示則為$\beta = \Delta r / \Delta x$。這個參數的涵意最主要為，可由標的物的變動去了解獲利變化的情形。β值愈高，表示獲利比例的變化愈劇烈。當然也可藉由β值來事先預測標的物變化時，哪一個區間的獲利率上揚最大。

## ω值之探討

ω值的定義為，當標的物價格固定時，獲利率隨著時間而衰減的比例，此時因係處於虧損狀態，因此獲利率為負值。我們用數學式子去表示即為$\omega = \dfrac{\Delta \alpha}{\Delta t}$或$\omega = \dfrac{\dfrac{\Delta y}{y}}{\Delta t}$。

由ω值我們可以了解到時間與獲利之間的關係，進

而在制定策略時作爲依據。

## λ 值之探討

所謂 λ 值的定義爲當權利金維持定值時，因時間衰減而減少的權利金，必須由標的物上漲（或下跌）多少價格才能維持原來的權利金價位。如果我們用數學式子表示，則 $\Delta x = \dfrac{\theta \times \Delta t}{\delta}$【註5】。我們舉例而言：

請參閱本章節中各參數的定義。由於當時間衰減時，權利金的減少與標的物價格上漲（或下跌）時，權利金的增加必須互相抵消。亦即，$-\Delta y$ 爲權利金減少的價位，則 $\Delta y$ 爲權利金增加的價位 $-\Delta y + \Delta y = 0$，兩者和爲0。

若，$\theta = \Delta y / \Delta t$，

則，$\Delta y = \theta \times \Delta t$，$-\Delta y = -\theta \times \Delta t$，

而前面提過，$\delta = \Delta y / \Delta x$，$\Delta y = \delta \times \Delta x \rightarrow$

$-\theta \times \Delta t + \delta \times \Delta x = 0$ $\delta \times \square = \theta \times \Delta t \rightarrow$

$\Delta x = \dfrac{\theta \times \Delta t}{\delta}$，

我們以 λ 取代 $\Delta x$，則爲 $\lambda = \dfrac{\theta \times \Delta t}{\delta}$。

**註 5**

**例一**

　　張三於期末時買進台指選擇權價平Call一口收盤時權利金爲60點，請問隔天大盤指數應漲回多少，權利金才能維持在原來的60點價位。

### 解答

　　先了解當時的參數係數約略值，假設 $\theta = 15$，$\delta = 0.5$，則 $\delta = \theta \times \Delta t / \delta = 15 \times 1 / 0.5 = 30$。（時間間隔爲一天，所以 $\Delta t = 1$）

由此我們便可了解，隔天大盤至少須漲30點以上的漲幅，張三才能維持原來權利金60點的價位。

筆者於本章節只提供了九個參數指數，其中最重要的為 $\delta$、$\theta$、$\alpha$ 及 $\lambda$ 值，所有欲投資選擇權的朋友們，絕對必須好好地深切了解這些參數值的意義與變化，才可以在操作選擇權投資時輕易獲利。

而除了這些參數值外，筆者亦將於下本書裡面再度探討新增參數值，而這其中會有一個參數為投資認購權證時相當重要的參考依據。

# 期末效應

選擇權在進入期末甚至期終時會產生一些現象，投資朋友們不可不知。這其中包含以下幾點：

1. 進入期末階段的選擇權其時間值衰減得非常快，對於那些尚無履約價值的選擇權而言，由於權利金完全由時間值組成，因此，如果沒有大幅的振盪，基本上對買方而言是相當不利的；反之，期末時則對於選擇權的賣方相對有利。

2. 也由於在期末時其時間值偏低，因此如果此時標的物（大盤）價格大幅往投資方向振動，則此時就買方而言有可能在短期內（一、二天內）獲得超高倍數獲利（此時若站在選擇權的買方，應以選擇淺度價內至價平之選擇權為主，才容易產生所謂「期末效應超

高倍數獲利」)。此點可參閱本章 $\alpha$ 值一節之探討與附錄一之表格，可有更深入的了解。

3. 無論就買方或賣方而言，在期末時下單風險都非常大。就買方而言，一旦下單，當發現情況不對而停損時，含手續成本在內已虧損四～五成，稍微猶豫的還有可能隔倉，光其可能損失就有七～八成之多，依舊不死心還要硬坳的，最後的結果就是損失殆盡，而這些時間大概僅只短短的數天期間，且其勝率還相當的低；而就賣方而言，雖然勝率很高，但一旦行情大幅往不利方向時再設停損（或風險轉嫁），往往可能損失金額已逾權利金的100%（非投資成本因賣方繳保證金制），甚至損失在短短的兩天內可能為權利金的3～5倍，因此不能不謹慎。

為讓讀者能更清楚了解選擇權報價系統的變動，附錄一列有數張報價系統表，供讀者參考。

註6

總之，能善用所謂期末效應的投資大眾，在選擇權的交易上將獲得他應得的報酬率並避免較大的風險。此時，將可發現財富的累積是迅速而倍增的【註6】。

# 期貨操作策略

在股市現貨的操作市場裡，最忌追高殺低；
然而在期貨市場的操作上卻正好相反，
亦即必須追高殺低，必須以短線爲主，
由短線上的勝利進取中線乃至長線；
但千萬不要忘記，
在投資上，風險永遠是第一個考量點。

# 投資期間及其效率

　　台灣截至91年8月底為止，有四種依附於台股現貨市場的指數期貨商品可進行交易，分別為：⑴摩根台指期貨；⑵台指期貨（又分大台指期貨、小台指期貨）；⑶電子指數期貨；及⑷金融指數期貨。而無論是何種期貨商品，基本上它們具有以下共通的特性：

　　1.保證金交易。

　　2.高利潤高風險。利潤與風險比為1：1（忽略手續費期交稅等成本）。

　　3.進出自由不受限制。

　　4.有追繳保證金及斷頭的機制，用以保障買賣雙方及期貨商的權益。

　　5.有到期的限制。

　　一般而言，期貨因係採保證金交易，其保證金通常為合約規模的5％～10％（以台指期貨而言，保證金為合約規模的10％），因此期貨的槓桿比通常高，每天的指數振盪對於期貨而言總是充滿了高報酬與高風險。而要如何操作才能將風險降低，並將高報酬的機率保留甚至提高，此中充滿了高度的操作技巧。

　　在老美的金融市場上常言：「一現、二期、三選擇」，這是揭示在市場上操作技巧困難度的排列。通常，現貨（股票）操作是最容易的，期貨的操作比現貨困難許多，而選擇

權的操作則是最困難的。

　　有在股市投資一段時間的朋友們大概都能了解，投資操作股票短線或極短線（指當日沖銷）不太容易成為贏家。在股市投資要成為贏家往往是中長線的投資朋友（這點筆者稍後會提出說明）。但在期貨的投資操作上能成為贏家者卻往往是短期的投機客。在美國曾有學者作過一項統計指出，投資期貨短線者【註1】，有52％是贏家，48％是輸家；而屬於長線投資者贏家則只佔8％，輸家卻佔了92％。而這點根據筆者實際去調查了解，台灣期貨市場的投資朋友們所得的結果亦大約相同。看來，投資朋友在投資期貨上，要以短線進出為主，才容易成為贏家。

極短線指1天內
短線指1～3天
中線指4～13天
長線指14天以上
註1

　　筆者於此就國內此一現象提出合理的解釋讓投資朋友們了解。

　　台灣的股市由於有漲跌幅的限制，一天的幅度往往無法足夠反應一檔個股的重大利多或利空的訊息，再加上台灣股市有平盤以下不得放空等技術上操作的限制。因此，短線的操作不容易獲得波段的利潤，但當行情看錯時，由於有平盤以下不得放空的限制，而無法在以融資買進之時以融券掛出，於是往往會賺少賠多，有時贏九次輸一次，但輸的那一次便把贏的九次都賠進去了。這其中還不包括手續費、證交稅等成本的計算。

　　至於期貨的贏家主要為短線操作，原因是因為短線的走勢比較容易判斷，尤其是極短線（一天）的走勢更易研

判，再則期貨有到期的限制。也由於期貨的高槓桿原理，因此時間愈長雖然利潤有機會愈大，但風險也相對高很多。幾乎任何一個大波段的不利行情便會慘遭斷頭。

在以下第二節筆者所提出的，均是以台指期貨作為例證。

# 追高殺低勿預設立場

在股市現貨的操作裡最忌諱的便是追高殺低。因為常常會追到最高，殺在最低，而且還必須以長線保護短線。

然而在期貨市場的操作上卻恰好相反，亦即必須追高殺低，必須以短線為主，由短線上的勝利進取中線乃至長線。

筆者一再強調此點，任何一個短線上的劇烈振盪對期貨的投資人而言，都是難以承受的壓力與風險，只要先在投資的開始佔據有利的位置，能夠先馳得點，存一些本錢來應付振盪的風險。能夠從這個角度思考便知道期貨的進場點相當重要。

而在操作上既然現貨是以長線為主，因此便須事先佈局，然而期貨卻無所謂佈局可言。期貨既然以短線為主，此時順著大盤的趨勢下單，在極短線上獲利的可能性至少有六成以上。

圖7-1、圖7-2為期貨最適當的進場點，供讀者參考。

如果判斷一天裡大盤的走勢其K線圖除了呈現多頭或空頭的排列外，能再配合量價的關係（多頭及空頭分別在頭部及底部爆大量），買、賣張、均買、均賣張的交易量，評估

買氣、賣壓之間關係。甚至再配合一些權質股的走勢（如台積電、聯電、中華電、鴻海、威盛、中鋼、華邦電、台塑、國泰金……等）。能夠確實綜合研判再進場下單更可將勝率提高到七～八成。

多頭走勢，A為適當的多單進場點

圖7-1　多頭走勢圖

空頭走勢，A為適當的空單進場點

圖7-2　空頭走勢圖

# 雪中送炭、抱薪救火、斷尾救生

萬一進場後發現判斷錯誤，或進場後便開始虧損，

此時應該如何處理？關於這點，許多曾有過投資期貨經驗的朋友們常常是眼睜睜地坐令虧損擴大，硬拗下去，期待行情轉為有利自己的方向。於是戶頭裡面的數字迅速減少，有些投資朋友甚至在虧損時更加堅定自己獨到的判斷，自認為有敏銳的眼光及不可憾動的信心，不斷地追繳保證金。

當然有時會有行情轉向有利自己投資方向，因而最後由虧損變成獲利。然而在投資上風險永遠是第一個必先考量的因素。

我們不妨看看歷史，1990年2月12日，台股指數自12682的高點直瀉而下至當年10月12日的2485點，短短的八個月內竟大崩盤，跌逾萬點。如果在該時期有台指期貨商品，正當萬點之時大家一面看好中做多在高點，一路跌下來，不斷地轉倉（期貨每個月都必須結算），總是覺得跌幅已深，不願認賠，等待反轉。在手上資金足夠，不斷補充保證金的情形下，單是一口台指期貨便已損失二百萬。也許有許多的投資朋友覺得這樣的例證很極端，其實由歷史觀之，一個大波段的行情往往便是數千點，而小波段行情也有數百點。

而在期貨的投資上還有另一種投資朋友，當行情不利於投資方向時，他朝原投資方向再度「加碼」（不論是做多或放空）企圖降低成本價位，等待行情反轉時能更快更容易回到成本價位。然而，剛才筆者曾提到，如果行情不利投資方向可能造成非常大的損失，再加碼欲攤平者，恐怕是將資金丟向一個無底的大黑洞。投資朋友不妨謹記，在期貨的操作上絕無「攤平」一詞，一旦進行所謂「攤平」的動作，造成的可能損失將是倍增的，這是非常非常危險的做法。總之，

「攤平」在期貨操作上不是雪中送炭而是抱薪救火。當然，若有突如其來的、朝自己投資有利方向的絕對行情，加碼攤平則另當別論。

既然在期貨虧損時不能攤平，不得硬拗，這時就只能學習爬蟲類蜥蜴斷尾求生來保住生命，不至於連命都賠掉了。亦即在期貨的操作上絕對要善設停損，這一點筆者在第5章〈攤平、停損〉一節中曾提過。至於停損點的設定，根據統計大約為5%～10%（含手續費及期交稅）為最適當，如以點數計則以30～35點設立為停損點數，無論如何，只要虧損到了這個點數價位，立即停損出場，不得猶豫，絕不能手軟。

# 得寸進尺

善設停損可以將風險控制在一定的範圍內，倘若獲利；要如何才能獲得最佳獲利？這兩個問題筆者在書中亦已不斷地重複提到，在此不妨再次強調，投資朋友一定要謹記，成敗的關鍵絕不是如大多數所謂的專家及分析師所強調的有多準，更重要的關鍵是資金的控管。

筆者再舉一例給讀者們參考。以下為甲乙二人分別投資台指期貨十次的結果，他們的資金各有25萬，每次以一口進場。其獲利（以正數表示）與虧損（以負數表示）的情形如下表（我們以點數來表示，見表7-1）。

我們看看表7-1裡甲、乙二人投資期貨共十次的例子，甲的勝率高達七成，而乙的勝率竟只三成；以「準度」

表7-1 台指期貨投資損益範例表

| 次數 | 甲的損益 | 乙的損益 |
|---|---|---|
| 第一次 | 53 | -35 |
| 第二次 | 82 | -35 |
| 第三次 | 24 | 176 |
| 第四次 | -235 | -35 |
| 第五次 | 61 | 83 |
| 第六次 | 134 | -35 |
| 第七次 | -168 | 382 |
| 第八次 | 125 | -35 |
| 第九次 | 51 | -35 |
| 第十次 | -573 | -35 |
| 總損益 | -446 | 396 |

而言,甲比起乙好太多,但最後的贏家竟然是乙。我想這其中最重要的關鍵便是資金控管,在這樣的例證裡我們可以發現,乙的優點便是善設停損點與停利點,以便把每次的虧損都控制在一定範圍內,獲利時則採取浮動停利讓利潤儘量提高到最佳。

由此觀之,大多數人覺得準確與否的因素固然重要,但它確實並非影響成敗最重要的關鍵。

# 錦上添花

基本上,在期貨市場的操作上如果總資金能維持在保證金的4倍以上,那麼在資金控管上就愈能如魚得水。

在數學上有這樣一個常見的習題,即甲、乙二人對賭,以擲骰子遊戲定勝負,假設每次必定分出輸贏,甲帶100

元，乙帶1元。輸者給贏者1元，如此下去直至有一方輸光為止，請問乙獲勝的機率有多大（假設遊戲公平、公正，且甲、乙雙方機會完全均等）。

這個問題在數學的解法上，乙的機率為1/100＋1＝1/101，如何解法並不重要，只是它傳遞了一個訊息：充分的資金準備是有利於投資的。

如果王老五要投資大台指，當時一口的保證金為12萬元，而王老五也只有12萬元，那麼他第一次投資便須獲利，否則便無第二次機會。

我們如此觀之。在操作期貨上如果是虧損，則達到一定範圍立即停損，但倘若處於獲利狀態時，除了採用浮動停利外，是否還可以有更積極的作為？當然可以操作期貨，基本上必須要乘勝追擊，贏要贏盡。亦即當期貨操作上獲利時，如果已達一個相當幅度，此時再加碼獲勝的機會可能會使獲利倍增，萬一此時行情反轉，可立即將獲利的期貨與加碼的期貨口數立即全部平倉，如此結算獲利應仍屬正值。

當然，加碼點仍必須符合以下幾個條件：

1.行情明確朝自己操作的有利方向。

2.已經有一段相當的獲利幅度最好是獲利大於75點。

3.加碼點的時機與進場點近似。做多找相對低點，做空找相對高點。

如果加碼後發現行情突然反轉，則約在加碼點損失20點左右同時平倉。我們以進場點及加碼點各一口為例，在獲利75點時加碼，而在加碼點損失20點後同時平倉，我們可

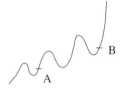

A、B分別為做多的進場點與加碼點

**圖7-3　做多走勢圖**

A、B分別為放空的進場點與加碼點

**圖7-4　適當的加碼點**

得此時的毛利潤：

A獲利：75－20＝55

B獲利：-20

A＋B：55＋（-20）＝35

若計算手續費、期交稅（我們以一口進出成本共9點）計算所得之淨利潤為：

35－9×2＝17

以此方式，若行情續朝有利方式，假設在B點加碼獲利50點後停利出場（因此時行情反轉），則：

A可獲利：75＋50＝125

B獲利：50

毛利潤：125＋50＝175

淨利潤：175－18＝157

我們再來看以下二個在市場上常見到的問題。

**例一**

阿美於台指5000時進台期指多單一口，她的資金為保證金4倍以上。結果那天期指大漲逾200點，阿美於5200時獲利了結。試問，依照前面的方式加碼，阿美最佳獲利大約是多少點？

**解答**

我們評估這個問題，若A為進場點，B、C為加碼點，則$P_A = 5000$（$P_A$為Point of A即A點的位置）：

$P_B = 5075$ ，　　$P_C = 5150$

$P'_A = 200$　　（$P'_A$為Profit of A即A之獲利以P'別於P）

$P'_B = 125$

$P'_C = 50$

Gross Profit （毛利潤）：$200＋125＋50＝375$

Net Profit （淨利潤）：$375－9×3＝348$

**例二**

同上題，阿美在台指5500時進台期指空單一口，結

果那天期指由5500下跌逾300點，阿美於5200時獲利了結，
依前題求最佳獲利點數？又以此方式比較一口期指之獲利約
多出多少？

解答

依前題：

$P_A = 5500$
$P_B = 5425$
$P_C = 5350$
$P_D = 5275$
$P'_A = 300$
$P'_B = 225$
$P'_C = 150$
$P'_D = 75$

Gross Profit：$300 + 225 + 150 + 75 = 750$
Net Profit ：$750 - 9 \times 4 = 714$

比較起一口單之獲利多出利潤比例如下：

一口單之淨利潤$300 - 9 = 291$

多出之獲利比例為：$\dfrac{714 - 291}{291} \fallingdotseq 145.4\%$

由上述二個例題便可了解，於適當的時機加碼，可以使
獲利增加相當大的比例。

# 隔倉

　　既然在期貨的操作上以短線為宜，那麼是否應該隔倉呢？基本上，這個問題見仁見智，但若站在風險的考量上，儘量以不隔倉為宜。通常，隔倉可能會出現三種情形：

　　1.隔倉走勢有利於投資方向。
　　2.隔倉走勢不利於投資方向。
　　3.隔倉走勢不影響投資方向。

　　也許就機率而言（不考慮任何基本面、技術面……等因素），利與不利的機會均等。但就站在風險管理上，要成為贏家，有太多無法掌控的因素，便無法做規劃與操控。舉實例而言，在資金控管上我們以一次的期貨操作損失而言，我們儘量將損失控制在35點左右，如果隔倉，當走勢大逆轉時，可能隔倉後的損失會爆增150點或200點。當然，也有可能隔倉後獲利會暴增150點或200點，但這樣變成是在賭運氣，無法真正確保長期獲利進而致富。

　　當然這也並非表示絕對不可以隔倉。但筆者以為，若要隔倉基本上必須先滿足以下幾個條件：

　　1.在短期的走勢裡非常強勢而明顯的朝自己有利的方
　　　向，並且有八成以上的把握。
　　2.資金部位不得超過總資金的五成，而且在隔倉前當次
　　　獲利已達平均每口（實際投資口數）75點以上。

3.若資金隔倉部位超過，其中部分資金須做避險動作。即若期貨進多單，則選擇權買Put（最好爲價外100點）；若期貨進空單，則選擇權買Call（以價外100點最佳）。期貨選擇權比爲1：1或3：2，不得低於2：1【註2】。

能將所有隔倉的準備條件做好，那麼隔倉的風險便能降低許多。甚至隔倉還有機會成爲獲利的助力之一。

①選擇權避險之價位選擇並非在初期、中期、末期及終期之各階段均相同。仍需視各時段去做最佳的選擇。這點可參閱本書第4章〈選擇權的特性〉做深入的了解。
②基本上，期貨與選擇權比例爲小台期指：選擇權＝1：1；大台期指：選擇權＝4：1。此處所用之比例基本上而言係針對小台指，若以大台指計算則須在比例後項乘以4倍，即1：4或3：8，至少不得低於1：2。

註2

# 波段行情、特殊行情

筆者這一小節原本是只準備爲選擇權所特別撰寫，只是在目前市場上的投資大眾可能對於選擇權還相當陌生，操作上還不夠熟練。這些行情對於期貨而言也可獲致可觀的利潤，只是以獲利比率而言，它們的行情獲利比率大小爲：

選擇權＞期貨＞現貨

## 波段行情—大波段

在一個大多頭的走勢裡通常分成三大段：初升段、主升

段、末升段；同時，在初升段結束後，進入主升段前會有一段所謂的中期回檔拉回整理【註3】。

本書屬於操作策略書籍，因此就股市技術面上，本書不做太多的著墨，讀者不妨可閱讀相關技術書籍作爲參考。

註3

同理，在一個大空頭的走勢裡亦通常區分成：初跌段、主跌段、末跌段及中期反彈；但中期反彈不限定在初跌段至主跌段之間，也有可能是在主跌斷至末跌段間。

這些通常都是屬於大波動行情，少則七、八百點，大則數千點。尤其是在波段行情剛展開的時候，通常其走勢既兇且猛，當然此時最好是操作選擇權，但對選擇權市場不熟的投資朋友們或可選擇期貨操作，其獲利幅度亦相當地大。

## 波段行情—中波段

在股市裡有一項鐵則是跌深必反彈、漲多必拉回。沒有永遠上漲，也沒有永遠下跌的走勢。即使在一個大波動的走勢裡也勢必如此，而且這樣的反彈或拉回走勢既迅速，幅度亦大。其幅度常達三、五百點以上，如能及時把握，獲利可觀。

## 特殊行情

股市是經濟櫥窗，也是總體經濟指標，影響股市漲跌的因素非常多，有所謂十面論者，也有所謂八面一觀者【註4】。筆者以爲股市的走勢是上述各種影響因子的向量合力，只是在大多數時間因爲非經濟因素並無重大變化，力量

這十項主要因素為：景氣面、政治面、政策面、基本面、資金面、技術面、籌碼面、消息面、國際觀及心理面。

註4

較小，因此大多回歸基本面及技術面。

股市是一個提供買賣雙方交易的市場，供需決定價格的高低，走勢當然便是市場上眾人集體心理面的展示。在股市的技術指標分析裡，技術指標是一種可能是統計學、經驗法則或邏輯分析後所得的一種參考工具，不能將其奉為至高無上的圭臬。

由於國內有太多大師級的專家及極具經驗的老手，太過誇大炫染技術線性的神奇與準度。筆者只能奉勸所有的投資朋友只能供作參考，不可完全信賴。股市裡沒有一項百分之百絕對準確的指標，但卻有百分之百的絕對行情，筆者稱之為特殊行情。

於此筆者要特別提出的便是，對於絕對相信技術指標的投資朋友，在操作上由於太過自信，因此在操作上可能會投入全部的資金，而當走勢不利於投資方向時，不設停損而硬拗，最後可能會印證了一句俚語：「淹死的大多是會游泳的」。

上述所謂「特殊行情」，是指因特殊的事件或日子，對股市的投資人產生相當的影響，進而可能對股市行情造成影響者。

# 特殊日子

1. 在國曆年封關與新春開紅期間，以華人心理面在那段時間的走勢而言通常多為多頭。因而投資朋友們不妨在封關前一天佈多單，但最好仍需買選擇權Put避險，至於比例方面在前面有提過，讀者們可多加參考。等新春開紅盤後，再依浮動停利原則找適當時機獲利了結。如此一來，這個勝算約有八成。
2. 農曆年封關及新春開紅盤前佈局多單，時機點可選在封關前一天或二天，其餘做法與前述相同，勝算約八成。
3. 520總統就職典禮紀念日常會習慣性的暴漲暴跌，可於開盤時先看看情形再決定下單方向。勝率65％。
4. 中秋後、國慶後、美國國慶（7/4）後，常會開紅或走勢多頭（但有時會開高走低）。機率約六成左右。

## 特殊事件─百分之百絕對行情

除了某些事件對行情造成的影響，是百分之百之外，沒有其他事件對行情的影響是百分之百的（指短期內）。茲列舉如下：

1. 絕對重大的災難：如九二一大地震、九一一事件，甚至是納莉、賀伯颱風所造成的重大災難。如九二一、九一一事件因事情太過重大，對生命、財產造成的損失難以估計，對於民心的衝擊與恐慌更是嚴重。這種事情發生後通常會休市數天，在開市開盤時指數

會重挫，但絕不可能在開低後立即反彈，因為反映這樣重大利空的時間及幅度尚未結束，因此開盤即使重挫仍會持續探底，時間上應會連續重跌數天。此時在開盤時只要期指尚未跌停鎖死，便可放空期指，但須眼明手快，而且可將全部資金投入，動作一定要快，否則等期指跌停（政府在遇此重大事件跌停幅度常縮減至3.5％）鎖死便無法下單了。

2. **特殊重大的政治事件**：基本上這些事件對行情的影響又區分成幾個方向：

①**兩岸關係**：如九六年中共飛彈危機、九八年的兩國論。通常事件在發酵並在股市開始反應後，便一路狂奔直瀉而下（或一飛而上──重大利多），反應的時間通常不會只有一、二天，而是一段時間。

②**重大的政治災難事件**：如1971年退出聯合國，1979年台灣與美國斷交並廢止中美共同防禦協定。那時對整個國家人心的衝擊是極端重大的，同時股市亦以連續的重挫來反應；再如蔣中正、蔣經國二位元首死於總統任內，在當時對股市亦造成一定的衝擊。

③**特定的政治重大議題**：如二千年核四風暴;新任閣揆、財長慶祝行情（請注意慶祝行情通常不是在就職日，而是名單剛揭曉時，而且是否有慶祝行情仍需視實際情況而定）。這些行情需視事件本身大小而定，有些是一天行情（如慶祝行情）、有些則是一個大波動行情（如核四風暴）。

④特定的重大經濟政策議題、或特定的重要人士發展
　對經濟及景氣的談話：如郭婉容擔任財長時期課徵
　証所稅、2001年土徵稅減半等重大政策；或如重要
　企業人士如王永慶、張忠謀等對經濟景氣的重要談
　話（通常國內官員不論居何官職發表對經濟景氣的
　談話，對股市均影響不大）。
⑤重要的選舉：通常中央選舉後（總統、立委選
　舉），股市的反應相當激烈，不是暴漲便是暴跌，
　尤其是在選後股市開盤的第一天，不是幾乎全面跌
　停便是全面漲停。而即使當天開盤後股市已經大漲
　或大跌，通常走勢依然繼續延續，不會立即反轉；
　不過，此時只要眼明手快仍有一波段行情可期；但
　須特別留意的是，有時在選後第一天股市暴跌，在
　第二天後行情卻會大逆轉變成暴漲。再來是全面的
　縣市長選舉，各縣市長選舉也常常會有一天的行
　情，其反應也許不會那麼激烈。但如果是基層的縣
　市議員；鄉、鎮、市長、市民代表、里長等選舉，
　便不會對股市有所影響。

　　通常大多數的所謂特殊行情都是突如其來的，因此投資
朋友必須隨時掌握政、經、國際局勢及資訊，一旦遇此特殊
行情便須立即出手，此時勝率幾乎可說是百分之百。另外，
選舉行情因時間固定，是較值得令人期待的，可以在適當的
時機點及時出手。

# 危機處理

一個人如果一生中都處於順境，沒有經過重大事件的考驗與磨練，甚至沒有歷經較大的挫敗，往往難以成就大事。這點觀諸歷史上成就大事的人物幾乎都有同樣的經驗。

同樣的，在投資理財這條路上，即便是成功之士，也往往會遇到較大的挫敗。但是，如果平時能做好資金控管，應不致於造成重大虧損。會發生較大挫敗情事，通常有以下二大原因：(1)突發重大事件造成指數驟然反轉，並直線而上或直線而下；(2)隔倉後開盤大漲或大跌。茲分述於後。

## 突發性重大事件

突發性重大事件往往會造成指數驟然反轉，並直線而上或直線而下。投資朋友突然遇到如此的走勢時，常常會措手不及，但無論如何，第一個動作便是立即平倉。而在平倉時，因期指係採掛價制，可以掛當時成交價外損失約15點左右價位會較易立即成交（如當時為強勁漲勢，則掛於成交價之上15點；若為跌勢則掛於成交價之下15點左右）【註5】。

此時平倉有可能是停損也有可能是停利。但無論如何是出清手上持有部位。第二個動作，須立即了解這樣突如其來的大逆轉原因為何（可請教營業員或朋友）。若為突然間產生的重大利多或利空，須經自己研判，如情勢極為重大，則不妨下單跟隨趨勢走，但若為不可預知，則稍為冷靜觀望一下，不必急著再進場。市場上有的是機會。而前面所言，停損或停利時盡量以定價係擔心在同一瞬間市價可能會造成忽然間暴漲或暴跌逾100點之掛價。

**註5**

如果係忽然間地震所產生的效應，可立即Call 166氣象台並按5查詢地震的最新報導。如果震央在外海，強度不大，地震深度較深，北部震度不大，此時可靜待指數落底後開始反彈時進場，當然這個前提，必須要原本是在漲勢之時，如果原本就是跌勢，指數就不見得會如此快速落底進行反彈。

## 隔倉後開盤大漲或大跌

　　另一個常見的可能情形是在隔倉後開盤大漲或大跌。

　　這種情勢若與投資朋友的投資方向相反，投資朋友們不需太過心慌，保持冷靜即可。這種情況以台股受前一天美股收盤影響的可能性最高。我們了解，台股與美股間具相當的連動性，尤其在美股大漲或大跌後，台股幾乎難以置身事外。但這種影響比較可以確定的是在開盤時，因此常見台股開高走低或開低走高。

　　當然在開盤後如見指數走勢續往自己投資不利方向發展，則應立即平倉。但若開盤後是最高或最低點，然後開高走低或開低走高朝自己有利的方向，則不必急於平倉。

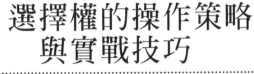

# 選擇權的操作策略與實戰技巧

投資朋友在剛開始投資選擇權時，
筆者建議最好能站在買方，這是因爲：

1. 買方所需成本資金較少；

2. 買方較易控制損失金額的比例（停損）；

3. 買方較易做整體的資金控管。

當然，操作投資期間也以短線與極短線爲宜。

# 錯誤訊息的更正

筆者在書中曾一再強調選擇權結構的深度與複雜性，讀者在參閱本書第4、6章後對選擇權的了解與概念應該較為深入。

而實際上又該如何操作選擇權，坊間一般對選擇權的所作論點不外是站在選擇權的買方本小利多，風險有限，獲利無限，最大的損失不過是權利金全部賠光而已。這樣的論點如果真為投資人所深信並進而照此方式投資選擇權，恐怕會輸得很慘。

這個論點表面上看起來似乎有理，但實際上卻非常的詭異，禁不起質疑。以下數點便是持論破綻之處：

1. 如果選擇權的買方那麼容易獲利，那站在選擇權賣方的豈不是智商有問題？
2. 選擇權的買方風險有限、獲利無限，到底獲利有可能獲得幾倍。如果這種論點成立，要投資選擇權站在買方還不如去買樂透，以樂透的超高獲利倍數才更吸引人。
3. 選擇權的買方固可獲利數倍，但到底勝算有多大？
4. 為什麼一旦看錯，最大的損失是全部的權利金？如何操作才能減低損失？
5. 如果十次裡面是輸九次，而且是全部輸光，而唯一贏的一次不過是獲利二倍，那這樣怎麼是風險很小呢？

若長期盲目的依此方式下注，那豈不是要把家當全都輸光了嗎？

6.最重要的是，這樣的操作方式會賺錢嗎？還是長期用這樣方式操作才會賠錢？

這些疑問便是所持論點的不合理處。此外，一般探討選擇權操作的文章說，若下單站在買方（Call或Put）如走勢不對時，可以繼續持有，在履約期限內都還有敗部復活、轉敗為勝的機會。

也有許多的論點是提到當損失時加碼攤平，或在末期時再投入資金轉倉，以保留原先部位。

這些都是一般市場上可見的論點，而且這些論點大概對選擇權商品的了解不夠，可說是大錯特錯。

投資選擇權時要有正確的操作策略與方法才會有勝算，才有機會成為贏家。而在研擬選擇權的投資操作策略時必須先對選擇權的特性有相當程度的了解。如果說在現貨投資上操作策略佔整體重要性比例五～六成；那麼期貨在操作策略及技巧上比例的重要性便佔八成；而在選擇權上，策略的運用及技巧更是投資上最高指導原則，其重要比例佔九成以上。

# 買方的操作技巧——鯨吞

投資朋友在剛開始投資選擇權時，筆者建議最好能站在買方，這是基於以下三點：

1.買方所需成本資金較少。

2.買方較易控制損失金額的比例（即停損）。

3.買方較易做整體的資金控管。

基本上，站在選擇權的買方，其操作投資期間以短線與極短線為宜，切勿在投資損失時將短線投資改為中長線。在選擇權的買方，當投資方向不對而造成虧損時，只有一個動作，便是停損，絕對不能續抱硬拗，甚至加碼攤平，一定要切記此原則，如此才能在投資選擇權市場裡生存。

## 選擇權買方之優缺點

我們再度檢視選擇權的買方其優缺點何在。（以價平及價外選擇權為主，因這是多數投資人投資的標的物）

### 優點

1.權利金交易通常成本較低。

2.因採權利金交易，槓桿的比例相當高，在一個順勢的波段行情裡，獲利的倍數是目前所有金融商品中最高的。

3.選擇權在短期間的波動，其 $\delta$（Delta）值呈現的是一種不對稱性。當指數（或標的物）朝向投資有利方向時，其 $\delta$ 值會愈來愈大以至趨近於1；反之，朝不利方向時，$\delta$ 值會愈來愈小。（這點請詳閱本書第4章）

### 缺點

1.因採權利金交易，成本低，通常必須有較大的振動幅度，才會有明顯的變化，這點與期貨稍微振動便有一

波段的幅度（無論大小）有著較顯著的差異，因此操作期貨獲利較易（只要有實際獲利二、三十點便易於獲利了解），而操作選擇權較難。

2.選擇權的手續費採定額制手續費，佔權利金成本比例往往過高，這點對投資人來說，非常不利。

3.就買方而言，時間是不利於買方的，尤其所購買的選擇權是價外時，其權利金的組成全部為時間值，因此除非波動有利的行情夠大，否則不宜操作中長線。

## 選擇權買方的刻板印象

幾乎大多數的選擇權討論或介紹文章裡，都會在提到站在選擇權的買方時，有以下的文字敘述：

> 買方的風險有限，獲利無限，最大的損失不過就是損失全部的權利金。當投資造成虧損時，可以繼續留倉，未來仍有機會行情反轉翻身獲利。

這些論點看似有理，然而實際上是絕對不可行。理論上這些論點可能都能成立，而事實上這卻是極為嚴重的錯誤論點，以此理論去操作選擇權投資無異是飲鴆止渴，最後可能的結果是輸賠殆盡。

針對上述這些論點筆者不得不在此提出如下的質疑及修正。

### 1.買方真的風險有限、獲利無限嗎？

首先，買方當真是風險有限、獲利無限嗎？如果純粹是射飛鏢去判定多空，然後進場去買Call或Put，再死抱活

抱，其勝算到底會有多大？但如果勝算不大，那就不叫風險有限了。筆者曾在本書第1章提出風險一詞的決定因素，其中有一個最重要的關鍵點是機率。換言之，對於勝算小的一方，他的風險便會相對的提高。實際上，站在選擇權買方的投資人，獲勝機率可能不到二成，如果是輕率進場，勝率更可能不超過一成（須爲扣除手續成本之實際獲利）。

　　而所謂獲利無限者，到底可能獲利幅度爲多少？雖然我們可以看到在選擇權的權利金變化上常常出現1倍、2倍、3倍，甚至偶爾會出現5倍、10倍的情形。不過就機率而言，這種機率並不高。而若期待一波實際上有50倍、100倍的行情這大概只是一種理論，實際上則微乎其微。如此怎麼能說是獲利無限呢？如果這個說法或論點是成立的話，那麼去把希望放在樂透上不是更可行嗎？因爲去玩樂透才是眞正的風險有限、獲利無限，而且眞正可以一夕致富。選擇權偶爾贏了一次是不會令人致富的，但若想玩樂透中頭獎則更是希望渺茫，毫無令人期待之處。

## 2.損失所有的權利金，這樣的風險不算大嗎？

　　所謂「最大的損失不過就是損失所有的權利金而已」，這樣的風險難道還不夠大嗎？輸光了所投資的金額是夠大的風險了，否則怎樣才能稱做「風險很大」？當然，對於有保證金交易的商品如期貨、股票、融資或選擇權的賣方而言，在不斷補足保證金後，有可能虧損會超過原始保證金，但這些都是在未曾做風險控管的情形下才會造成的虧損。而且實際上的操作情形是，當發現情況不對時若未出場，最後的結果便是損失殆盡。如果投資者可以在發現錯誤時，將有可能

造成的損失減小，爲什麼要讓他損失擴大甚至輸光呢？

　　就選擇權的買方而言，一旦發現進場錯誤若未迅速停損，通常有超過八成的機率會全部損失。有一說法以爲台指選擇權的保證金相當便宜，通常一口只有幾千元，輸光了沒關係。問題是難道幾千元不是錢嗎？而且如果贏了可贏多少？大概也只是幾百至幾千元，頂多上萬元。難道可以贏到百萬元嗎？一口選擇權全部損失爲幾千元，下單幾十口、百口的選擇權買單便是逾十萬，甚至數十萬，輸的機率如此之高，輸多贏少，就算有再多的金錢到頭來也會輸光。

## 3.買方一開始便造成虧損，還要繼續拗，可行嗎？

　　若選擇權買方一開始便造成虧損，但還要繼續拗，心存僥倖，看看有無機會翻身，這點在理論上是不可行的，實務上更不可行，但怎麼會有這樣的論點出現呢？

　　我們曉得選擇權的權利金結構是由內函值加時間值所構成，而時間值會隨著時間的衰減而遞減。就買方而言，時間值不斷地遞減當然是愈來愈不利；而這點倒是相對上有利於賣方。

　　我們舉一實例佐證。2001年7月26日台指的收盤價爲4855，此時八月份選擇權4800Call的權利金收盤價爲161，4800Put收盤價爲175。經過11個交易日後至8月12日台指的收盤價爲4852。然而，此時八月份選擇權4800Call的權利金收盤價只剩105，而4800Put的收盤價更只剩75。時間值衰減的幅度不可謂不大。

## 4.以選擇權作爲規避風險的工具

　　有些投資人在現貨或期貨部位擁有相當大的金額，

此時他以選擇權作為避險的工具，認為只需投入少數的權利金便可規避風險，這個做法不可與單純的選擇權投機操作混為一談。（我們於下本書裡有較為深入的探討）

應先將基本的觀念做一澄清，而後再來介紹操作守則。同時，這邊所介紹的選擇權操作策略並不仿照一般市面書籍或討論文章所繪的圖形，因為此舉會誤導投資人至投資覆滅地步。

## 選擇權買方的重要操作原則

以下為投資選擇權買方的幾個重要原則，務請投資人確實遵守：

1. 順勢而為，絕對不可逆勢。不要去預測高低點，除非趨勢非常明顯，不可事先佈局。
2. 所有的進場點必須在標的物（大盤指數）出現非常強烈的攻擊訊號（無論是多或空），才可進場。
3. 當大盤指數已開始出現較為明顯反轉跡象時迅速停利（或停損出場）。
4. 嚴設停損。而且確實嚴格實行。
5. 儘量不要隔倉除非能同時滿足以下四個條件：
   ① 獲利已逾50%。
   ② 對隔天指數的走勢有八成以上的把握度。
   ③ 先減掉一半以上獲利口數。
   ④ 剩餘一半留倉口數須做適當而充分的避險。如果是 Call獲利，則必須加買Put做避險。反之亦同。

6.如遇特殊重大事件另案處理。

## 選擇權投資買方的掛單交易

　　掌握了原則，此時在交易掛單時應如何去選擇價位，依據如下：

1. 判斷行情走勢在短期內（或極短期內）走勢之振幅不大（約30～50點）。買價內200點之選擇權（看漲時買Call，看跌時買Put）。
2. 同上。幅度在50～80點，買價內100點～價平之選擇權。
3. 同上。幅度80～120點，買價外100或價外200之選擇權。
4. 同上。幅度在120點以上，走勢強勁而且可能連續數日，則可買進價外300點以上之選擇權。

　　這些標的物的選擇權依據它們可能獲利及虧損（常有預測錯誤情形）的情形來做衡量，再以此作為價位選擇依據。
　　實際上，在一年逾250個交易日裡面，3日內權利金上漲而實質獲利超過1倍（100％）的次數可能超過100次。甚至獲利幅度超過300％的次數亦難以勝數，而在那麼多的次數裡，我們只要十次把握一次，甚至二十次把握一次便可有相當大幅度的獲利。不要心急，謹慎出手，便可發現資金倍增的威力。

# 賣方的操作策略——蠶食

大多數介紹選擇權的書籍或文章裡，提到選擇權的賣方總是以獲利有限、風險無限來為站在賣方的投資情況下註。

而實際情形卻是賣方的勝率大約是六成、買方勝率約一成【註1】，而所謂風險無限的說詞更是很可笑，因市場上沒有所謂「無限的風險」，只有「未經控管的風險」。

許多人認為，買賣雙方的勝率及賠率是相對的，如買方若勝率七成，則賣方勝率應只有三成；若買方勝率四成，則賣方勝率便有六成。這個論點基本上在不考慮手續費等成本的情形下是成立的，因為原則上買賣雙方是站在相對的立場，買賣雙方對作若一方為贏家則另一方為輸家。但若手續費成本太高，則贏家扣除手續費等成本也會變輸家。如果以買賣雙方各10人對作，賣方贏家8人，買方贏家2人，但若扣除手續等成本可能賣方贏家只剩6人，而買方贏家更只剩1人。

**註 1**

雖然就站在賣方而言，獲利不可能無限的膨脹，但由於勝率較大，因此筆者以為就長期的投資效益而言，應偏向站在賣方較能穩健而長期的獲利。

而一旦投資人站在賣方時應嚴守幾個原則，如此才容易成為贏家，並控管所有可能產生的巨大的風險，其原則如下：

1.在賣方選擇權的價位選擇上，以價平或價外的選擇權作為標的物。儘量不要選擇價內的選擇權。

2.賣方的投資期限以中長期為宜，在獲利的情況下可儘量隔倉。

3.在選擇作為賣方時，應先考慮標的物於短期內是否有持續而強烈不利於賣方之走勢。

4.在投資虧損時，仍應嚴設停損或將風險適度轉嫁。

5.以投資效益而言，當經過一段時間後，扣除手續費、交易稅等成本，確認已經可以實質獲利，不必一定要等到最後結算日，這是基於下列二點的考量：

　①落袋為安，避免夜長夢多。

　②由於保證金金額較大，能夠先獲利回收。增加現金部位，一旦隨時出現大行情，資金可以做最有效率的運用。

至於站在賣方的立場，要選擇什麼價位的選擇權才會最有利，茲分析如下：

1.儘量選擇沒有內函值的價平或價外選擇權作為賣方。因為，沒有內函值的選擇權其權利金的結構是全由時間值構成，而隨著時間的流逝，時間值會隨著衰減，這一點是利於賣方的。

2.考慮選擇站在賣方的考量點若近期沒有下跌（或上漲）的疑慮時，則可賣出價平或淺度價外的Put（或Call）；若近期沒有重挫或暴漲的疑慮，則可考慮賣出中度或深度價外的Put（不會大跌）或Call（不會大漲）。

若能確實遵守上述原則，將可發現，常常站在賣方，賺錢是一件輕鬆又愉快的事。

　　總而言之，買賣方雙方的特點是：買方的獲利可觀，風險甚大，勝率較小。而賣方的特點是獲利受限，風險鉅大（必須嚴控），勝率較大。

　　如果能將買方與賣方的操作策略運用得靈活自如，則財富的倍增將是非常迅速的。

# 選擇權的操作複合式策略

　　基本上，投資選擇權就操作策略而言，並非只是單純的買Call、買Put、賣Call、賣Put而已。選擇權與選擇權或期貨與期貨之間，都可以演變出千變萬化的複合式操作策略。而沒有任何一種策略或操作模式是可以確保百分之百獲利的（套利除外）。

　　這裡筆者要介紹較為基本的選擇權複合式操作策略，至於稍為複雜艱難的幾種策略將再下本書裡做更進一步的介紹。其實，市面上所介紹的數十種策略中，有許多策略是由基本操作策略演變而來。有許多的策略在實務上執行不易、或勝算不高、或它與其他策略操作上非常相近，功效亦同，因此筆者在此不多做敘述。但必須再度強調的是，本書是一本致富策略的

本章節所講解之選擇權實戰策略較一般書籍少了圖形分析與說明。實乃因幾乎所有的圖形都是以到期日後再結算權利金的盈虧呈現的。如此容易誤導投資人的投資策略及操作技巧，因此省略。

註2

著作，而非學理研究書籍。僅將幾種較為實用的策略介紹如下【註2】。

## 風狂雨驟型（即勒氏買方）

所謂「風狂雨驟」是指預測標的物（此為大盤）在短期內將可能會有極為重大的震盪，但多空未明。此時最好的操作策略便是同時買進相同比例的Call或Put。無論是大漲或大跌勢必有一方是獲利，一方是虧損，而獲利的一方其幅度將大於、甚至是遠大於虧損的一方。

在獲利時可將兩邊同時平倉。也可以在非常確定大盤走勢後先將虧損之選擇權停損平倉，繼續保留獲利之選擇權。而選擇權之價位以價平或淺度價內為宜。

## 風平浪靜型（即勒氏賣方）

所謂「風平浪靜型」是指，預期未來一段時間大盤之走勢不會有太明顯的波動，此時可同時賣出Call與Put，賣出後一段時期若已獲利便可兩邊平倉同時獲利了結。選擇賣出之選擇權價位以價平或價外為主。

## 請君入甕型（即買權多頭價差）

### 1.預期標的物走勢可能會大漲時

預期未來一段時日標的物走勢可能會大漲，但又擔心可能會看錯行情走勢（可能狹幅振盪或下跌），此時可以買進價平的Call，賣出價外300（或價外200點）的Call（即買高賣低），此策略是將風險與獲利都控制在一定範圍內，而

且可以將投資時間延長，而當此一策略獲利時，可儘速獲利了結。

使用策略時宜靈活，其中二個要點如下：

(1)若使用策略隔倉，隔倉後大漲，而且走勢為明顯多頭走勢，則可先將賣出價外之Call平倉回補，續留買方價平之Call。反之，若開高走低則相反，即先平倉價平之Call而將賣方價外之Call留倉。

(2)情形同上，若為開低走高，則買賣雙方均留倉在觀望（此時賣方之價外Call已獲利可暫時留倉，雖然標的物走勢上漲較為不利，但只要不是持續性大漲，賣方仍掌握時間上的優勢）。

## 2.預期標的物走勢可能會大跌時

行情若為開高走低，則先將買方之價平之Call平倉。

此種情形正好與第1類型（預期標的物走勢會大漲）相反，即預期未來標的物走勢將會大跌，但仍有不確定因素。此時可買進價平之Put而賣出價外300（或200）之Put（其餘要點同上）：

(1)若指數開低走高，則平倉買方價平之Put，留倉賣方價外之Put。若指數開低走低，則平倉賣方之價外Put，留買方價平之Put。

(2)若指數開高走高，則平倉買方價平之Put，留倉賣方價外之Put。

### 3.預期標的物走勢開高走低時

若只是開高走低,則兩邊均留倉再觀望:

(1)預期未來指數應該不會漲,但仍有疑慮擔心看錯,則可賣出價外之Call買進價外200（或300）之Call。

(2)預期未來指數應該不會跌但仍有疑慮,則可賣出價平之Put買進價外200（或300）之Put。

## 甕中捉鱉型

(1)認為未來一段時間,標的物將不會有太大的振盪,但仍有相當的疑慮,並擔心可能會因研判錯誤而造成重大虧損,則可同時賣出價平之Call及Put,並同時買進價外200（或300）之Call或Put。

(2)認為未來一段時間標的物將會大漲或大跌,但仍擔心會研判錯誤,則可同時買進價平之Call及Put,並賣出價外200（或300）之Call或Put。

## 天箭八式

除了上述幾個簡單的選擇權間搭配的複合式操作策略外,另外再介紹八個以期貨為主搭配選擇權的操作策略如下（筆者將其定名為天箭八式）:

### 1.天箭一式

在期貨建立多頭部位,但因可能潛在的巨大風險,因此可同時在選擇權上建立同等比例的Put單做避險。但須切記時間宜短不宜長,因為選擇權有時間價值衰退的問題。

## 2.天箭二式

天箭二式恰恰與天箭一式相反，其是在期貨建立空頭部位，而此時可買進比例與部位相同的Call單做避險。

## 3.天箭三式

投資人對於未來這段時間至結算止強烈看多，但亦有可能是看錯方向，最壞情況大盤只會小跌。此時可建立1：1的期貨多單及Sell Put單。

這個策略的優點是，當行情走多時能強烈地獲利，而當最後結算時，若大盤收小黑，可能Sell Put單仍為獲利，可以彌補期貨單的虧損。

## 4.天箭四式

與天箭三式正好相反。此種複合式策略表示，投資人對於未來這段時間至結算為止強烈看空，最差不至於大漲（只可能小漲）。此時則建立等比例的期貨空單及Sell Call單，意義雖同天箭三式，但方向相反。

## 5.天箭五式

天箭五式短多中長空。但有可能趨勢的研判會錯誤成為短空。此時的操作策略為建立Buy Call單與期貨差單比例為2：1。Call單則以淺度價內為宜。其價差如下：

(1)短多時可先將Buy Call單獲利了結，再靜待大盤下跌獲取期貨上的利益。

(2)建立期貨空單是因為Buy Put單會有時間值的衰減；而Sell Call單（低履約價位）所建立之多頭買權價差策略當大盤反轉下跌時，Sell Call單的獲利將備受限

制。

(3)當大盤短期內重挫時，Buy Call單的虧損與期貨空單的獲利正好可以抵消（也許會有小幅的虧損或獲利）

## 6.天箭六式

天箭六式與天箭五式相對的是短空中長多。此時應建立Buy Put單與期貨多單，其比例為2：1。其理由與天箭五式一般。

## 7.天箭七式

天箭七式對於未來走勢的看法稍微偏多，不太會暴漲，更不會暴跌。此時可建立一套勒式賣方策略與等比例之期貨多單。其建立佈局如下：

期貨多單：Sell Call單：Sell Put單=1：1：1

## 8.天箭八式

天箭八式與天箭七式相反的是，對於未來的看法稍微偏差，不會暴跌，更不會暴漲。此時可建立一套勒式賣方策略與期貨空單的組合。其建立佈局如下：

期貨空單：Sell Call單：Sell Put單=1：1：1

總之，無論是哪種組合策略，其實都有它的優缺點，這些策略的運用還必須加上行情的研判。並且須嚴控風險、靈活操作，操作上須隨盤勢的變化而改變，沒有統一而固定的模式。永遠以對自己最有利的方式去操作。

筆者近期將陸續著作介紹其它較為複雜的投資組

合。但筆者以為，只要將最基本的買Call、買Put、賣Call、賣Put這四種基本功練到爐火純青才是最重要的。其次則是本書所介紹的幾種複合式操作策略，只要能夠靈活運用，其獲利絕對是相當驚人的。

# 附　錄

附錄一

以下數字後面須加%符號

| 大盤指數變動 | -400 | -350 | -300 | -250 | -200 | -150 | -100 |
|---|---|---|---|---|---|---|---|
| 期初 | | | | | | | |
| 價外400 g.p. | -93 | -81 | -72 | -63 | -52 | -44 | -31 |
| 價外400 n.p | -100 | -95 | -87 | -78 | -68 | -62 | -50 |
| 價外300 g.p. | -81 | -74 | -66 | -61 | -52 | -43 | -30 |
| 價外300 n.p | -97 | -84 | -77 | -72 | -64 | -55 | -43 |
| 價外200 g.p. | -76 | -72 | -65 | -59 | -50 | -40 | -28 |
| 價外200 n.p | -83 | -80 | -73 | -67 | -58 | -52 | -37 |
| 價外100 g.p. | -75 | -70 | -63 | -56 | -47 | -38 | -27 |
| 價外100 n.p | -80 | -76 | -69 | -63 | -54 | -45 | -34 |
| 價平g.p. | -72 | -67 | -60 | -54 | -45 | -36 | -25 |
| 價平n.p. | -76 | -71 | -65 | -58 | -50 | -41 | -30 |
| 價內100 g.p. | -70 | -65 | -58 | -51 | -43 | -34 | -24 |
| 價內100 n.p | -73 | -68 | -62 | -55 | -47 | -38 | -28 |
| 價內200 g.p. | -66 | -61 | -54 | -47 | -39 | -30 | -20 |
| 價內200 n.p | -69 | -64 | -57 | -50 | -45 | -34 | -24 |
| 價內300 g.p. | -62 | -57 | -50 | -43 | -34 | -26 | -18 |
| 價內300 n.p | -65 | -59 | -53 | -45 | -37 | -29 | -21 |
| 價內400 g.p. | -58 | -52 | -45 | -38 | -31 | -24 | -16 |
| 價內400 n.p. | -60 | -54 | -47 | -39 | -33 | -26 | -19 |
| 期中 | | | | | | | |
| 價外400 g.p. | -100 | -100 | -97 | -86 | -71 | -57 | -40 |
| 價外400 n.p | -100 | -100 | -100 | -100 | -98 | -85 | -71 |
| 價外300 g.p. | -98 | -90 | -80 | -70 | -58 | -42 | -30 |

| | | | | | | | |
|---|---|---|---|---|---|---|---|
| 價外300 n.p | -100 | -100 | -95 | -86 | -75 | -61 | -50 |
| 價外200 g.p. | -86 | -79 | -71 | -60 | -52 | -44 | -32 |
| 價外200 n.p | -96 | -90 | -82 | -72 | -65 | -57 | -46 |
| 價外100 g.p. | -79 | -71 | -65 | -59 | -50 | -40 | -28 |
| 價外100 n.p | -87 | -79 | -74 | -68 | -60 | -50 | -38 |
| 價平 g.p. | -76 | -72 | -66 | -58 | -50 | -41 | -30 |
| 價平 n.p | -81 | -77 | -72 | -64 | -56 | -48 | -37 |
| 價內100 g.p. | -75 | -69 | -63 | -57 | -49 | -38 | -27 |
| 價內100 n.p | -79 | -74 | -68 | -61 | -54 | -43 | -33 |
| 價內200 g.p. | -72 | -67 | -61 | -53 | -44 | -34 | -24 |
| 價內200 n.p. | -75 | -70 | -65 | -57 | -48 | -38 | -28 |
| 價內300 g.p. | -70 | -64 | -57 | -49 | -41 | -32 | -23 |
| 價內300 n.p. | -73 | -66 | -60 | -52 | -44 | -36 | -26 |
| 價內400 g.p. | -66 | -60 | -53 | -46 | -38 | -30 | -20 |
| 價內400 n.p. | -68 | -62 | -53 | -49 | -41 | -33 | -23 |
| 期末 | | | | | | | |
| 價外400 g.p. | -100 | -100 | -100 | -100 | -100 | -100 | -100 |
| 價外400 n.p | -100 | -100 | -100 | -100 | -100 | -100 | -100 |
| 價外300 g.p. | -100 | -100 | -100 | -100 | -100 | -100 | -79 |
| 價外300 n.p | -100 | -100 | -100 | -100 | -100 | -100 | -100 |
| 價外200 g.p. | -100 | -100 | -100 | -100 | -89 | -68 | -50 |
| 價外200 n.p. | -100 | -100 | -100 | -100 | -100 | -94 | -79 |
| 價外100 g.p. | -100 | -100 | -94 | -83 | -73 | -63 | -46 |
| 價外100 n.p | -100 | -100 | -100 | -97 | -88 | -80 | -64 |
| 價平 g.p. | -97 | -90 | -85 | -79 | -70 | -61 | -43 |
| 價平 n.p | -100 | -98 | -93 | -88 | -79 | -70 | -54 |
| 價內100 g.p. | -91 | -87 | -81 | -76 | -65 | -53 | -38 |
| 價內100 n.p | -95 | -92 | -86 | -81 | -71 | -59 | -45 |

| | | | | | | | |
|---|---|---|---|---|---|---|---|
| 價內200 g.p. | -89 | -84 | -77 | -69 | -59 | -48 | -34 |
| 價內200 n.p. | -91 | -87 | -81 | -73 | -63 | -52 | -39 |
| 價內300 g.p. | -83 | -77 | -70 | -62 | -51 | -41 | -27 |
| 價內300 n.p. | -86 | -80 | -73 | -65 | -55 | -44 | -30 |
| 價內400 g.p. | -77 | -71 | -63 | -55 | -44 | -34 | -24 |
| 價內400 n.p. | -79 | -73 | -65 | -57 | -47 | -37 | -27 |
| 期終 | | | | | | | |
| 價外400 g.p. | 0 | 0 | 0 | 0 | 0 | 0 | 0 |
| 價外400 n.p | -100 | -100 | -100 | -100 | -100 | -100 | -100 |
| 價外300 g.p. | -80 | -80 | -80 | -80 | -80 | -80 | -80 |
| 價外300 n.p | -100 | -100 | -100 | -100 | -100 | -100 | -100 |
| 價外200 g.p. | -100 | -100 | -100 | -100 | -100 | -100 | -95 |
| 價外200 n.p | -100 | -100 | -100 | -100 | -100 | -100 | -100 |
| 價外100 g.p. | -100 | -100 | -100 | -100 | -98 | -80 | -56 |
| 價外100 n.p | -100 | -100 | -100 | -100 | -100 | -100 | -87 |
| 價平 g.p. | -100 | -100 | -99 | -91 | -80 | -73 | -55 |
| 價平 n.p | -100 | -100 | -100 | -100 | -93 | -87 | -70 |
| 價內100 g.p. | -100 | -96 | -91 | -88 | -79 | -70 | -54 |
| 價內100 n.p | -100 | -100 | -97 | -94 | -86 | -77 | -62 |
| 價內200 g.p. | -95 | -93 | -88 | -83 | -74 | -62 | -43 |
| 價內200 n.p. | -98 | -97 | -92 | -87 | -78 | -67 | -48 |
| 價內300 g.p. | -92 | -88 | -82 | -74 | -60 | -44 | -30 |
| 價內300 n.p. | -94 | -91 | -84 | -76 | -63 | -48 | -34 |
| 價內400 g.p. | -86 | -80 | -70 | -58 | -48 | -36 | -25 |
| 價內400 n.p. | -88 | -82 | -72 | -61 | -50 | -39 | -28 |

## 中國人生叢書

| 編號 | 書名 | 定價 |
|---|---|---|
| A0101 | 蘇東坡的人生哲學 | 250 |
| A0102A | 諸葛亮的人生哲學 | 250 |
| A0103 | 老子的人生哲學 | 250 |
| A0104 | 孟子的人生哲學 | 250 |
| A0105 | 孔子的人生哲學 | 250 |
| A0106 | 韓非子的人生哲學 | 250 |
| A0107 | 荀子的人生哲學 | 250 |
| A0108 | 墨子的人生哲學 | 250 |
| A0109 | 莊子的人生哲學 | 250 |
| A0110 | 禪宗的人生哲學 | 250 |
| A0111B | 李宗吾的人生哲學 | 250 |
| A0112 | 曹操的人生哲學 | 300 |
| A0113 | 袁枚的人生哲學 | 300 |
| A0114 | 李白的人生哲學 | 300 |
| A0115 | 孫權的人生哲學 | 250 |
| A0116 | 李後主的人生哲學 | 250 |
| A0117 | 李清照的人生哲學 | 250 |
| A0118 | 金聖嘆的人生哲學 | 200 |
| A0119 | 孫子的人生哲學 | 250 |
| A0120 | 紀曉嵐的人生哲學 | 250 |
| A0121 | 商鞅的人生哲學 | 250 |
| A0122 | 范仲淹的人生哲學 | 250 |
| A0123 | 曾國藩的人生哲學 | 250 |
| A0124 | 劉伯溫的人生哲學 | 250 |
| A0125 | 梁啓超的人生哲學 | 250 |
| A0126 | 魏徵的人生哲學 | 250 |
| A0127 | 武則天的人生哲學 | 200 |
| A0128 | 唐太宗的人生哲學 | 300 |
| A0129 | 徐志摩的人生哲學 | 250 |

## 心理學叢書

| 編號 | 書名 | 定價 |
|---|---|---|
| A3001B | 發展心理學 | 550 |
| A3002 | 諮商與心理治療的理論與實務(原書第五版) | 650 |
| A3003 | 諮商與心理治療的理論與實務—學習手冊 | 350 |
| A3004A | 人際溝通 | 600 |
| A3005 | 生涯發展的理論與實務 | 600 |
| A3006 | 團體諮商的理論與實務 | 600 |
| A3011 | 心理學(合訂本) | 600 |
| A3014 | 人際關係與溝通 | 500 |
| A3015 | 兩性關係—性別刻板化與角色 | 700 |
| A3016 | 人格理論 | 550 |
| A3017 | 人格心理學 | 650 |
| A3019 | 人際傳播 | 550 |
| A3020 | 心理學新論 | 500 |
| A3021 | 適應與心理衛生—人生週期之常態適應 | 500 |
| A3023B | 小團體動力學 | 320 |
| A3024 | 家族治療理論與技術 | 650 |
| A3026 | 情緒管理 | 350 |
| A3027 | 兩性教育(三版) | 450 |
| A3028 | 生涯規劃 | 250 |
| A3029 | 回歸真實 | 450 |
| A3030 | 心理衛生 | 450 |
| A3031 | 教育組織行為 | 650 |
| A3032 | 人際關係與溝通技巧 | 450 |
| A3033 | 認知治療的實務手冊—以處理憂鬱與焦慮為例 | 350 |
| A3034 | 兩性關係學 | 450 |
| A3035 | 疾病營養諮商技巧 | 550 |
| A3036 | 人際關係與溝通 | 350 |
| A3037 | 社會心理學 | 400 |
| A3038 | 心理學概論 | 500 |
| A3039 | 工業心理學 | 550 |
| A3040 | 青少年心理學 | 400 |
| A3041 | 認知治療：基礎與進階 | 500 |
| A3305 | 團體技巧 | 300 |
| A3307 | 跨越生活危機—健康心理管理 | 450 |
| A6003 | 工業組織心理學 | 500 |
| Oa001 | 生活禮儀 | 280 |
| Oa002 | 兩性問題 | 250 |
| Z3001 | 全方位生涯角色探索與規劃表 | 450 |

## 社會叢書

| 編號 | 書名 | 定價 |
|---|---|---|
| A3201 | 社會科學研究方法與資料分析 | 500 |
| A3202 | 人文思想與現代社會 | 400 |
| A3205 | 社會學 | 650 |
| A3206 | 社會變遷中的教育機會均等 | 400 |
| A3207 | 社會變遷中的勞工問題 | 400 |
| A3208 | 二十一世紀社會學 | 550 |
| A3209 | 從韋伯看馬克思 | 300 |
| A3211 | 社會學精通 | 600 |
| A3212 | 現代公共關係法 | 280 |
| A3213 | 老人學 | 400 |
| A3214 | 社會科學概論 | 370 |
| A3215 | 社會研究方法—質化與量化取向 | 750 |
| A3216 | 人的解放—21世紀馬克思學說新探 | 500 |
| A3217 | 社會學概論 | 450 |
| A3218 | 馬克思理論與當代社會制度 | 320 |
| A3219 | 社會問題與適應(二版) | 650 |
| A3220 | 網路社會學 | 250 |
| A3221 | 法律社會學 | 650 |
| A3222 | 文化政策新論—建構台灣新社會 | 350 |
| A3223 | 社會福利服務 | 480 |
| A3224 | 社會衝突論 | 280 |
| A3225 | 流行文化社會學 | 600 |
| A9023B | 社會學說與政治理論—當代尖端思想之介紹(增訂版) | 200 |
| A9026 | 馬克思社會學說之析評 | 400 |

## 社工叢書

| 編號 | 書名 | 定價 |
|---|---|---|
| A3301 | 社會服務機構組織與管理—全面品質管理的理論與實務 | 200 |
| A3302 | 人類行為與社會環境 | 350 |
| A3303 | 整合社會福利政策與社會工作實務 | 250 |
| A3304 | 社會團體工作 | 550 |
| A3305 | 團體技巧 | 300 |
| A3306 | 積極性家庭維繫服務—家庭政策及福利服務之運用 | 300 |
| A3307 | 健康心理管理—跨越生活危機 | 450 |
| A3308 | 社會工作管理 | 450 |
| A3309 | 服務方案之設計與管理 | 350 |
| A3310 | 社會工作個案管理 | 300 |
| A3311 | 社區照顧—台灣與英國經驗的檢視 | 600 |
| A3312 | 危機行為的鑑定與輔導手冊 | 200 |
| A3313 | 老人社會工作 | 350 |
| A3314 | 社會福利策劃與管理 | 500 |
| A3315 | 當代台灣地區青少年兒童福利展望 | 550 |
| A3316 | 志願服務概論 | 450 |
| A3317 | 婚姻與家庭 | 380 |

## 人文社會科學叢書

| 編號 | 書名 | 定價 |
|---|---|---|
| A3501 | 倫理學是什麼 | 300 |
| A3502 | 經濟學是什麼 | 320 |
| A3503 | 美學是什麼 | 320 |
| A3504 | 心理學是什麼 | 380 |
| A3505 | 文學是什麼 | 360 |
| A3506 | 宗教學是什麼 | 360 |
| A3507 | 人類學是什麼 | 300 |
| A3508 | 哲學是什麼 | 300 |
| A3509 | 社會學是什麼 | 320 |
| A3510 | 法學是什麼 | |
| A3511 | 歷史學是什麼 | 300 |
| A3512 | 教育學是什麼 | |
| A3513 | 政治學是什麼 | |
| A3601 | 邏輯原理與應用 | 320 |

## NEO 系列叢書

| 編號 | 書名 | 定價 |
|---|---|---|
| A5101 | 時間的終點 | 360 |
| A5102 | 生態經濟革命 | 200 |
| A5103 | 經濟探險 | 220 |
| A5104 | 生態旅遊 | 350 |
| A5105 | 全球經濟大蕭條 | 350 |
| A5106 | 世界末日 | 350 |
| A5107 | 愛情經濟學 | 250 |
| A5108 | A.I.人工智慧—不可思議的心靈 | 350 |
| A5109 | 強勢競爭—如何駕馭企業的招財貓 | 250 |

| 編號 | 書名 | 定價 | 編號 | 書名 | 定價 |
|---|---|---|---|---|---|
| A5110 | 網路圖書館—知識管理與創新 | 300 | XA013 | 國防政策與國防報告書 | 300 |
| A5111 | 推銷台灣 | 280 | XA014 | 孫子探微 | 280 |
| | **揚智叢刊** | | XA015 | 三民主義哲學「旁通統貫」概論 | 480 |
| **編號** | **書名** | **定價** | XD003 | 素直的實踐—厚生的成長軌跡 | 280 |
| A0009 | 有無學—反厚黑學說 | 250 | XE002 | 板刻書法藝術 | 400 |
| A0010 | 台灣文學輕批評 | 150 | XE003 | 放射性同位素利用技術 | 600 |
| A9001 | 德國文化史 | 350 | XE006 | 歌劇藝術之理念與實踐 | 280 |
| A9004 | 日本通史 | 450 | XE009 | 失落的山村 | 150 |
| A9005 | 中國法律思想史新編 | 400 | XE011 | 目錄學題解精要 | 200 |
| A9009 | 西方文化之路 | 380 | XF001 | 台灣電影、社會與國家 | 300 |
| A9010 | 獨裁政治學 | 500 | XF002 | 台灣電影、社會與歷史 | 400 |
| A9015 | 大陸經濟法的理論與實務 | 500 | XG001B | 自慢的、主體的台灣史 | 400 |
| A9016 | 當代台灣新詩理論(二版) | 450 | | **POLIS系列** | |
| A9017 | 西方經濟學基礎理論 | 800 | **編號** | **書名** | **定價** |
| A9018 | 台灣當代文學理論 | 250 | A9010 | 獨裁政治學 | 500 |
| A9019 | 道與中國醫學 | 180 | A9025 | 政治商品化理論 | 250 |
| A9020 | 道與中國文化 | 180 | A9031 | 自由主義、民族主義與國家認同 | 250 |
| A9021 | 道與中國藝術 | 180 | A9301 | 憲法與公民教育 | 450 |
| A9022 | 創意的兩岸關係 | 200 | A9302 | 中華民國的憲政發展 | 500 |
| A9023B | 社會學說與政治理論—當代尖端思想之介紹·(增訂版) | 200 | A9303 | 國會改革方案之理論與實際 | 250 |
| A9024 | 後現代教育 | 200 | A9305 | 當代政治經濟學 | 430 |
| A9025 | 政治商品化理論 | 250 | A9306 | 當代新政治思想 | 300 |
| A9026 | 馬克思社會學說之析評 | 400 | A9307 | 社會役制度 | 350 |
| A9029 | 倫理政治論—一個民主時代的反思 | 200 | A9308 | 軍事憲法論 | 430 |
| A9030 | 兩岸關係概論 | 450 | A9309 | 中華民國憲法概論 | 380 |
| A9031 | 自由主義、民族主義與國家認同 | 250 | A9310 | 中華民國修憲史 | 600 |
| A9033 | 學校本位課程與教學創新 | 300 | A9311 | 中華民國憲法 | 420 |
| A9034 | 終身全民教育的展望 | 650 | A9312 | 後現代的認同政治 | 400 |
| A9035 | 中國餐飲業祖師爺研究 | 300 | A9313 | 法律與生活 | 450 |
| A9036 | 永恆與心靈的對話—基督教概論 | 400 | A9314 | 實例民法概要 | 400 |
| A9037 | 應用文 | 400 | A9315 | 智慧財產權之保護與管理 | 280 |
| A9038 | 台灣海疆史 | 600 | A9316 | 法學緒論 | 300 |
| XA003 | 孫中山先生〈內聖外王〉思想的繼承、發展與匯通統貫 | 380 | A9317 | 近代國際關係史 | 500 |
| XA004 | 儒家思想與中西哲慧的啟示與融通 | 280 | A9318 | 違憲審查與政治問題 | 500 |
| XA010 | 教育與社會 | 300 | A9319 | 消費者權利—消費者保護法 | 250 |
| XA012 | 網路文化 | 300 | A9320 | 中國政治思想史 | 300 |

| 編號 | 書名 | 定價 | 編號 | 書名 | 定價 |
|---|---|---|---|---|---|
| A9321 | 政治與資訊科技 | 250 | D3014 | 兩岸關係—陳水扁的大陸政策 | 250 |
| A9322 | 美國政府民航政策之研究：從改革到解制之變革 (1974-1978) | 350 | D3015 | 全球化時代下的台灣和兩岸關係 | 200 |
| XA001 | 中華民國的政治發展 | 800 | D3016 | 卡特政府對民航解制之認知與反應 | 350 |
| XA002 | 憲法與憲政 | 250 | D3017 | 重構兩岸與世界圖象 | 250 |
| XA005 | 為什麼要廢省？我國行政區的檢討與調整 | 400 | D3018 | 冷戰後美國的南亞政策 | 260 |
| XA006 | 第一階段憲政改革之研究 | 350 | D3019 | 全球化下的兩岸經濟關係 | 450 |
| XA007 | 不確定的憲政—第三階段憲政改革之研究 | 400 | D3020 | 全球化下的後殖民省思 | 200 |
| XE008 | 憲政改革與民主化 | 350 | D3021 | 全球化下的台海安全 | 260 |

## 亞太研究系列

| 編號 | 書名 | 定價 |
|---|---|---|
| | | | D3101 | 絕不同歸於盡 | 280 |

| 編號 | 書名 | 定價 |
|---|---|---|
| D3001 | 當代中國文化轉型與認同 | 250 |
| D3002 | 後社會主義中國：毛澤東、鄧小平、江澤民 | 500 |
| D3003 | 兩岸主權論 | 200 |
| D3004 | 新加坡的政治領袖與政治領導 | 320 |
| D3005 | 冷戰後美國的東亞政策 | 350 |
| D3006 | 美國的中國政策：圍堵、交往、戰略夥伴 | 380 |
| D3007 | 中國：向鄧後時代轉折 | 190 |
| D3008 | 東南亞安全 | 300 |
| D3009 | 中國大陸與兩岸關係概論 | 350 |
| D3010 | 冷戰後美國的全球戰略和世界地位 | 450 |
| D3011 | 重構東亞危機 | |
| D3012 | 兩岸統合論 | 360 |
| D3013 | 經濟與社會：兩岸三地社會文化的分析 | 300 |

## MBA系列

| 編號 | 書名 | 定價 |
|---|---|---|
| D5001 | 混沌管理 | 260 |
| D5002 | PC英雄傳 | 320 |
| D5003 | 駛向未來—台汽的危機與變革 | 280 |
| D5004 | 中國管理思想 | 500 |
| D5005 | 中國管理技巧 | 450 |
| D5006 | 複雜性優勢 | |
| D5007 | 裁員風暴 | 280 |
| D5008 | 投資中國—台灣商人大陸夢 | 200 |
| D5009 | 兩岸經貿大未來—邁向區域整合之路 | 300 |
| D5010 | 業務推銷高手 | 300 |
| D5011 | 第七項修練—解決問題的方法 | 300 |

## 揚智文化事業股份有限公司
## 生智文化事業有限公司

台北辦公室：106台北市新生南路三段88號5樓之6　電話：(02) 2366-0309　傳真：(02) 2366-0310
深坑辦公室：222台北縣深坑鄉北深路三段260號8樓　電話：(02) 2664-7780　傳真：(02) 2664-7633
E-mail：book3@ycrc.com.tw　網址：http://www.ycrc.com.tw
郵撥帳號：19735365　葉忠賢

PUBLICATION

# 致富新捷徑　期指選擇權與獲利新思維

Money Tank 05

著　　者／王俊超
出 版 者／生智文化事業有限公司
發 行 人／宋宏智
總 編 輯／賴筱彌
編輯部經理／劉筱燕
執行編輯／范維君
封面設計／重點廣告
登 記 證／局版北市業字第 677 號
地　　址／台北市新生南路三段 88 號 5 樓之 6
電　　話／(02)23660309
傳　　真／(02)23660310
網　　址／http://www.ycrc.com.tw
E-mail ／shengchih@ycrc.com.tw
印　　刷／鼎易印刷事業股份有限公司
法律顧問／北辰著作權事務所　蕭雄淋律師
郵政劃撥／19735365
戶　　名／葉忠賢
初版一刷／2003 年 9 月
定　　價／新臺幣 180 元
I S B N：957-818-536-7

總 經 銷／揚智文化事業股份有限公司
地　　址／台北市新生南路三段 88 號 5 樓之 6
電　　話／(02)2366-0309
傳　　真／(02)2366-0310

致富新捷徑／王俊超作. -- 初版. -- 臺北市
　　：生智, 2003〔民92〕
　　　面；　　公分

ISBN　957-818-536-7（平裝）

1.選擇權　2.期貨交易　3.投資

563.5　　　　　　　　　　　　92012423